Peter Dufka

Percezione teologica dell'arte musicale

Peter Dufka

Percezione teologica dell'arte musicale

Una convergenza fra cinque impostazioni

Edizioni Sant'Antonio

Cover image: www.ingimage.com

Publisher:
Edizioni Accademiche Italiane
is a trademark of
International Book Market Service Ltd., member of OmniScriptum Publishing Group
17 Meldrum Street, Beau Bassin 71504, Mauritius

Printed at: see last page
ISBN: 978-613-8-39162-3

Peter Dufka SJ

Percezione teologica dell'arte musicale: una convergenza fra cinque impostazioni

INDICE GENERALE

Introduzione

Avevamo poco tempo fa una teologia ecclesiastica che era qualche volta molto dura, blindata e impenetrabile, la teologia che scaturisce dalla Controriforma e riforma cattolica del XVI-XVII secolo e che lasciava poco spazio per il mistero e per la creatività che rifiutava ogni slancio poetico e dell'immaginazione artistica. Una teologia un po' formale, vincolata alla staticità della lettera e poco incline alla creatività dello Spirito.

Ma oggi abbiamo un'altra teologia, che è indubbiamente aperta, sensibile alla complessità e alla ricchezza del pensiero ermeneutico e simbolico. Questa teologia è ricca di immagini, oltre che di idee. Una teologia meno apologetica e funzionale, ma più aperta nei confronti della società civile e ospitale per varie istanze umanistiche e culturali. L'interpretazione del dogma e della spiritualità si tiene in costante contatto con la sensibilità e i fermenti dell'epoca. Si vede chiaramente che la capacita propositiva del nuovo spirito cristiano è aperta nei confronti della qualità estetica e della bellezza spirituale[1]. Questa apertura e sensibilità teologica di oggi non soltanto presentano valori che possono più facilmente accettare anche i non credenti, ma attira la loro attenzione. È forse un po' rischioso che questa teologia per la sua apertura sia un po' inesatta e imprecisa, ma questo rischio è meno grave di quello di essere lontana dalla sensibilità della gente.

Nel corso degli 11 anni nei quali ho studiato la musica, ho incontrato ogni giorno musicisti di diverso livello, studenti che cominciavano appena a studiare la musica, che si concentravano su cose fondamentali della musica, come il ritmo preciso, e l'estetica della melodia, l'armonia, gli accorgimenti per suonare con precisione, senza sbagli. Ho conosciuto professori che suonavano e insegnavano con grande professionalità, senza il minimo errore (con ritmo, melodia e logica precisi). Ma è strano che questo tipo di musica "perfetta" raramente attirasse l'attenzione degli ascoltatori: anche se sono stati meravigliati dalla tecnica del suono mai, è rimasta qualche impressione duratura.

Ma ho incontrato durante questi anni, anche veri artisti, che suonavano un po' inesattamente, qualche volta con piccoli sbagli e piccole imprecisioni, ma con grande immaginazione musicale e con una grande capacità di comunicare il messaggio artistico e di esprimere l'idea musicale. Attiravano l'attenzione degli

[1] P. SEQUERI, *L'estro di Dio*, Milano 2000, 129-130.

ascoltatori piuttosto per la loro sensibilità enorme, per l'apertura con la quale vedevano oltre e meglio rispetto ad altri artisti che avevo conosciuto.

Per me è stata meravigliosa questa somiglianza tra due modi di fare teologia e due modi di interpretare l'arte musicale. La teologia come anche la musica può essere "perfetta", appoggiata da argomenti e esercizi razionali, ma senza attirare la attenzione delle persone, senza la capacità di capire i profondi bisogni e desideri dell'uomo, senza quella risonanza che unisce, che può essere ponte tra la parola o suono e il cuore dell'uomo. Ma la teologia e anche la musica possono avere tutto questo. È irrilevante quando capita qualche inesattezza.

Quando seguivo le lezioni di veri professori della teologia potevo osservare sempre di più come la teologia ha molti punti in comune con l'arte musicale. E quando seguivo le lezioni di veri artisti potevo osservare lo stesso fenomeno. Ho visto chiaramente che essi raramente parlano della melodia, del ritmo o dell'armonia, ma il loro insegnamento mira piuttosto a curare e sviluppare la sensibilità per il mistero. Qui ho notato che l'artista non è solo la persona che sa suonare bene, dipingere o scrivere, ma è soprattutto quello che usa l'arte come mezzo per arrivare più lontano, per spiegare l'inspiegabile, per avvicinarsi al trascendentale. Proprio qui ho scoperto che la musica è più solo un suono piacevole per l'orecchio, che il compito proprio dell'arte musicale è avere un contenuto ed essere il mezzo per comunicarlo, evocando anche l'ineffabile.

Ne deduco che la teologia e la musica hanno molto in comune. Anzi quando l'uomo non poteva trovare le parole giuste, ha cominciato a scrivere poesie, a cantare, a dipingere. La musica è un linguaggio che può dire molto di più delle parole. Anche le parole che usa il linguaggio teologico spesso non bastano, per questo abbiamo oggi una teologia più aperta di qualche tempo fa al linguaggio simbolico. E per questo può essere utile anche sapere e conoscere il linguaggio musicale.

Perché ho scelto il tema della percezione teologica dell'arte musicale? Perché ho sperimentato quale forza abbia l'arte musicale, come può formare e cambiare il cuore dell'uomo, come può farlo più aperto, più sensibile, più buono. La musica si può percepire teologicamente, anzi può essere un certo tipo di teologia. Ogni vero artista - compositore o interprete - ha messo dentro la musica qualche cosa della sua esperienza religiosa e teologica. La persona che sa ascoltare la musica può scoprire questo "tesoro nascosto". Ma ascoltare la musica e scoprire questi aspetti teologici non è facile, perché non si scoprono automaticamente. Ho sperimentato durante il periodo della mia formazione sacerdotale anche che l'energia nascosta di ogni vera arte è sconosciuta e spesso sottovalutata da quelli che dovevano custodire ogni valore che può aiutare ad avvicinarsi a Dio, perché non sono stati in grado di capire come la teologia e la musica (o generalmente l'arte) possano essere strettamente collegati, anzi come la teologia abbia nell' arte il suo supporto. Non capivano che l'una può essere utile per l'altra. Penso che un teologo che non conosce questa forza dell'arte musicale, o generalmente l'arte, non conosce le parole che possono dire molto di più su Dio e il linguaggio che Egli sta usando.

Quindi quello che voglio sottolineare con la mia tesi è che:

1. l'arte musicale (e più in genere l'arte) può essere portatrice anche di un messaggio teologico;

2. la musica e la teologia hanno punti comuni;

3. una può aiutare a capire e sviluppare l'altra;

Non mi propongo di fare questa ricerca solo per diletto, ma con essa voglio sottolineare che la formazione teologica dei futuri sacerdote dovrebbe comprendere anche la formazione estetica, che dovrebbe aiutare anche a sviluppare la sensibilità per percepire teologicamente l'arte in genere.

Per approfondire questo tema ho scelto opere fondamentali di cinque teologi. Tre di loro sono dell'Occidente e due dell'Oriente. La scelta di questi teologi segue una certa logica. Anche i sottocapitoli (paragrafi) seguono una logica che aiuta ad approfondire il mio tema. Il primo dei teologi scelti per il mio lavoro è **Hans Urs von Balthasar**. I pochi saggi che ha scritto sulla musica sono sotto l'influsso della sua grande capacità teologica e culturale. Il sottocapitolo *Lo sviluppo dell'idea musicale* presenta il tema più importante, cioè che l'idea musicale ha una certa indipendenza dalle forme musicali e la sua vera qualità dipende dalla capacità teologica. Si apre cosi la ricerca su come la forma musicale, che ha una sua propria *struttura* ed è come forma musicale *limitata*, possa essere portatrice e mediatrice anche di altri valori. Poi Balthasar analizza tre componenti musicali, cioè *il ritmo, la melodia* e *l'armonia.* Osserva come ognuna di esse abbia la sua propria capacità di esprimere l'aspetto teologico. L'ultimo paragrafo di Balthasar *Testimonianza per Mozart* offre uno sguardo meno analitico e più ampio sulla musica. Riflette su questo compositore non solo per la sua personale simpatia verso di lui, ma piuttosto perché la sua opera presenta un dono che trascende l'autore stesso.

Il secondo teologo che ho scelto per approfondire il mio tema è **Pier Angelo Sequeri**. Egli continua il discorso cominciato da Balthasar, specialmente nel paragrafo *Testimonianza di Mozart* cercando collegamenti tra la musica, o generalmente l'arte e la religione. Nel primo paragrafo *Antiprometeo* presenta il compito del vero artista, che è quello di essere il mediatore tra l'uomo e Dio. A questo scopo esamina tre compositori, Bach - Mozart e Wagner, per dimostrare storicamente questa tendenza. Wagner è secondo lui un rappresentante dell'arte moderna, che ha perso il senso del suo vero compito. Il secondo paragrafo *Religione e arte* fa vedere i punti comuni tra questi due termini, che aiutano ad intuire come la formazione artistica possa essere utile per la formazione religiosa. Il paragrafo seguente *Rivelazione e bellezza* presenta un ulteriore punto comune ancora più importante, cioè l'essere "toccati e presi" dal mistero, che è più grande alle persone. Nel paragrafo quarto, *L'idea del musicale,* Sequeri continua e approfondisce il tema di Balthasar, sottolineando il fatto che la musica è l'arte più ineffabile perché è la più immediata. Nel paragrafo che segue *Estetica*, vorrei chiarire come Sequeri usa questo termine. Questo sottocapitolo finisce con la spiegazione del rapporto tra sensi estetici e sensi spirituali. A questo tema è connesso l'ultimo paragrafo *Musica come parola di ascolto.*

Il terzo teologo che ho scelto per il mio argomentare è **Bruno Forte**. Il suo contribuito sul tema *teologia e bellezza* non è molto centrale. Ma nella sua opera *La porta della Bellezza* si concentra sulla presentazione teologico storica di diversi teologi; ma in modo molto originale presenta gli aspetti oggettivo, soggettivo e semiologico della musica, che sono strettamente collegati con la percezione teologica dell'arte musicale. Dal suo libro ho preso tre modelli che mi sembrano utili per approfondire il mio tema: il modello *oggettivistico o cosmologico,* il modello *soggettivistico o antropologico* e il modello *semiologico*. Nell' ultimo paragrafo *Mortale bellezza,* il teologo mostra come la bellezza porti con sé qualche cosa di tragico, come il bello sia accompagnato dalla sua fragilità. Questo momento debole e nostalgico è presente specialmente nell' arte musicale.

Gli altri due teologi che ho scelto per la mia tesi rappresentano una parte significativa del pensiero orientale cristiano, e mi sembra che i loro punti di vista possano approfondire il rapporto tra la teologia e l'arte musicale. L' Oriente Cristiano, dove è custodita la sensibilità per il simbolico e per le immagini, può aiutare ad avvicinarsi all'inspiegabile mistero più che il razionalismo occidentale.

Vladimir Solov'ev è uno dei più grandi teologi e filosofi dell'Oriente Cristiano. L' unità fondamentale di ogni cosa secondo lui esiste prima di ogni distinzione. La bellezza unisce e aiuta a ritornare verso il fondamento del tutto. Grandezza è essere ispirato dall'alto e vedere la vita nella prospettiva che porta dall'alto. Questa è la prospettiva rovesciata di Colui che ci guarda e che unisce a tutto. Il primo paragrafo, *L' unità spirituale,* presenta la bellezza come medium di questo processo. Questo pensiero di unità spirituale compenetra come leit – motiv tutti i paragrafi seguenti: *La bellezza nella natura, Significato universale dell'arte* e *Trasformazione attraverso l'arte.*

L'ultimo teologo che ho scelto per approfondire il mio tema è **Paul Evdokimov,** il teologo e filosofo russo che per tutta la sua vita ha sviluppato il senso della presenza dell'Invisibile e Possibile. Affascinato dalla famosa frase di Dostojevskij "la bellezza salverà il mondo", cerca la risposta nella domanda: Quale bellezza salverà il mondo? *Presenza dell'invisibile*, *Metafisica della luce*, *Esperienza estetica ed esperienza religiosa* sono scritti nei quali nota che l'aspirazione alla Bellezza coincide con la ricerca dell'Assoluto e dell'Infinito. I termini di trasfigurazione, di incarnazione, di immagine, di luce sono secondo lui sempre attuali presso tutti gli artisti e testimoniano dell'unità segreta dell'arte e della religione. Egli chiama il principio estetico semplicemente *la ricerca di Dio.*

Capitolo Primo
Hans Urs von Balthasar

Hans Urs von Balthasar è uno dei più grandi teologi del secolo scorso. Con la realizzazione della trilogia: estetica, drammatica e logica teologica ha "saputo ricostruire quell'anello mancante della tradizione teologica che poteva leggere l'evento della rivelazione alla luce dei tre trascendentali"[2]. I suoi saggi sulla musica rappresentano solo una piccola parte della sua vastissima opera ma sono testimoni della enorme capacità culturale con cui approfondisce questo tema.

§ 1.1. Lo sviluppo dell'idea musicale

La parola "musica" può avere diversi contenuti. Può significare la semplice melodia di canto gregoriano, quella di una sola voce, ma può anche essere la grande sinfonia dove suonano centinaia di strumenti musicali. Può significare piccola canzone popolare o grande sonata, oratorio, opera o melodramma. Tutte queste diversissime forme musicali hanno soltanto due criteri della qualità teologica: aiutano ad avvicinarsi a Dio, o non aiutano. Questo concetto sembra troppo semplice, e si può ben dire che la musica porta anche ad altri scopi, che non si possono facilmente collocare in una o in un'altra categoria. Per esempio la musica leggera, piena di scherzo e ottimismo, sembra non avere niente in comune con la religiosità e non serve per avvicinarsi al mondo spirituale – divino. Ma molti pensano che non sia cosi. Spirituale e divino includono tutte le ricchezze della vita, dove ha un suo spazio anche la leggerezza che può esprimere la musica. La musica può essere anche portatrice dell'egoismo nascosto, del carrierismo e del desiderio di essere famosi. Questi aspetti che possono essere celati nella musica presentano "valori" decadenti, e questo tipo di musica non innalza l'anima umana e non aiuta ad avvicinarsi a Dio. È chiaro che in questo processo può avere un suo compito anche l'individuo che ascolta la musica (sia egli credente o non credente), ma rimane il fatto che la musica oggettivamente ha in se la capacità di esprimere un qualche valore religioso o teologico. Queste sono le osservazioni legate al saggio sulla musica di Hans Urs von Balthasar *Lo sviluppo della idea musicale*.

Il titolo che Balthasar ha scelto per il suo saggio sulla musica vuole sottolineare il fatto che il vero sviluppo della musica dipende dall'*idea musicale*.

---

[2] *Dizionario di Teologia Fondamentale*, diretto da R. Latourelle e R. Fisichella, Assisi 1990, 97.

Ma di quale idea parla? Per un teologo l'idea deve essere sempre collegata con la Idea divina, e perciò possiamo aggiungere che nel suo pensiero il vero sviluppo della idea musicale dipende dalla capacità teologica di questa idea.

Hans Urs von Balthasar nel suo saggio dedicato alla musica dice che "la musica è l'arte più incomprensibile, perché è la più immediata. È proprio questo che avvicina l'arte musicale ad un eterno enigma"[3].

L'arte musicale ha una certa predisposizione ad avvicinarsi ad un inspiegabile mistero, perché è più incomprensibile e astratta rispetto alla pittura o alla poesia. Secondo Balthasar scrivere qualche cosa sulla musica è sempre sotto il rischio, che non si chiarisca niente, perché proprio la parola è spesso il più profondo malinteso della musica. In questo senso parole e suoni sono lontani.

Ma per altro verso d' altra parte, secondo lui, parole e suoni musicali sono vicini. Ambedue sono strumenti d'espressione, "mezzi di oggettivazione del senso"[4]. Essere "mezzo di oggettivazione" del senso è compito di ogni arte, e proprio per questo esiste uno stretto collegamento tra di loro. La "materia prima" di ogni arte è uguale, solo "le forme" sono diverse. Per questo Wagner metteva insieme tre arti, quando voleva "l'arte" totale (musica, scena, poesia).

Secondo Balthasar ogni arte crea un'idea spirituale come materia prima – materia originale. Questo è un processo di personificazione. Esistono diversi gradi di intensità di questa personificazione. Ma esistono anche diversi gradi di intensità nel *dare forma* all' interno di una medesima arte.

L'arte non è un processo statico, ma dinamico. È proprio dell'essenza del sensibile muoversi verso una meta finale. Questo movimento non è casuale e senza orientamento, ma è uno svilupparsi verso un *massimo*, che è qualche oggettivazione del divino. Le singole arti cercano la luce divina. Quello che è fuori spazio e fuori tempo viene portato tramite l'arte nello spazio e nel tempo. "Ogni arte non darà mai forma a tutta l'idea: e qui risiede la radice di una sua eterna nostalgia e tragicità"[5]. Rimane solo come "miniatura dell'eterno". Ogni arte ma specialmente la musica, non finisce mai di cercare un nuovo modo di "dar forma" al divino. E proprio nelle forme si sviluppa sempre più la luminosa evidenza di questo processo di cercare un nuovo modo di "dar forma" al divino, o in altre parole, di "imprigionare" Dio nel mondo. E così la musica è come una "miniatura dell'eterno" che per la sua debolezza (nell afferrare compiutamente l'infinito), porta con sé un'eterna nostalgia. E questa eterna nostalgia porta con sé il divino

[3] H.U. VON BALTHASAR, *Lo sviluppo dell'idea musicale,* Milano 1995, 13.
[4] *Ibid.*, 14.
[5] *Ibid.*, 16.

che non si può completamente nascondere, che agisce non come forma, ma "attraverso la forma, come attraverso un velo sottile"[6]. E così il divino si inserisce nelle categorie spazio – temporali.

Balthasar non sarebbe un teologo, senza l'esperienza musicale. Tante sue espressioni, come *avvicinarsi ad un inspiegabile mistero, un'idea spirituale come materia prima, muoversi verso una meta finale, musica è come una miniatura dell'eterno*, vengono usate anche dai musicisti privi di formazione teologica. In queste parole è presente l'aspetto teologico, ma anche usando i termini specificamente musicali sono capaci di apportare un messaggio teologico. Nessuno dubita che la musica come tale può essere strumento che aiuta ad avvicinarsi all' *inspiegabile mistero*, ma Balthasar mostra come possano essere penetrati con questo aspetto teologico anche i fondamenti strettamente musicali, come è *il ritmo, la melodia e l'armonia.* Il vero sviluppo della idea musicale dipende molto da come diventa portatrice del messaggio teologico.

Dai suoi testi dedicati alla musica, si vede che Balthasar conosceva la musica molto bene. Altrimenti non sarebbe stato capace di presentare e distinguere così profondamente tre elementi principali della musica. Si sa quanto straordinaria fosse la sua memoria musicale e come suonava al piano. Avrebbe potuto avere una carriera di musicista. Ma Balthasar ha lasciato questa strada e dedicato la sua vita alla teologia. Certo con questo scelta non cancellava il suo talento musicale. Tutta la sua teologia era influenzata da questo sensibilità artistica. I saggi dedicati alla musica li presenterò con una logica in cui i primi tre offrono uno sguardo sulla musica più generale, perchè classificano struttura, valori e limiti di essa. Altri tre si occupano di ritmo, melodia, armonia, e analizzano come si possano esprimere valori teologici.

§ 1.2. Struttura

L'idea musicale si manifesta nel tempo. Non è limitata dalla forma e neppure limita la forma, ma liberamente *sceglie le forme, obbedendo a leggi più alte*. Ma anche se non è limitata strettamente alle forme, sempre si presenta tramite una certa struttura. Si può presentare come un organismo, che si eleva per gradi nel tempo[7]. Questi gradi o epoche hanno un valore relativo, a seconda che si trovino più o meno vicini alla compiutezza, ma possiedono anche un loro valore fondato in se stesso, assoluto, come realizzazione definitiva di una parte dell'idea

---

[6] *Ibid.*, 17.

[7] Cf. R. BERGER, *Hudba a pravda*, Bratislava 1995, 56.

musicale. "Questa si può dunque paragonare a un fiore sull'albero dell'arte, che si apre lentamente, che spiega un petalo dopo l'altro ed infine fiorisce dispiegandosi e vive. Ogni petalo è bello in sé, contiene in sé *l'entelecheia* della pianta: è però parte della bellezza complessiva"[8].
Ma una parte non si può distinguere nettamente dall'altra, benché esista anche come elemento intermedio. Non esistono tipi puri, ma solo approssimazioni. Quello che si può chiamare sguardo plastico o pittorico è solo un criterio di valutazione.

Il periodo del Rinascimento conosce la musica sopratutto come melodia in senso orizzontale. Ma il barocco porta con sé l'armonia in senso verticale. Numerose forme miste, che esistono anche oggi, si trovano fra questi due estremi. "Fra la musica puramente melodica e quella puramente armonica si trova tutta l'arte"[9]. L'arte musicale contemporanea è massimamente ricca di variazioni tra questi due aspetti della musica. I diversi compositori hanno sottolineato più l'uno o l'altro tipo. (Wagner per esempio sottolinea l'elemento armonia e Verdi piuttosto l'elemento melodico)

L'enorme varietà dei tre elementi della musica si chiarisce nella pratica. Ogni opera ha una dimensione organica, che non è mai fissa e matematicamente semplice, ma è sempre in movimento, sviluppo ed è sempre viva. Secondo Hegel l'arte musicale tende sempre a un cammino dialettico organico, non matematico.

§ 1.3. Limiti

Qual è l'essenza dell'idea musicale? Che cosa è nascosto in essa? Ogni arte e anche la musica in modo proprio è un'espressione del divino. La verità, che è dimensione non materiale, diventa bellezza nella dimensione materiale. *Bellezza* è un'espressione analogica della *Verità*. "Una statua è bella se è forma analogica della verità divina. Ma anche una parola è bella per lo stesso motivo: poiché anch'essa non è la verità stessa, ma solo una forma della verità. Così la musica è una espressione bella della verità, ma necessariamente diversa dalla parola e dalla visione"[10]. La sua caratteristica più profonda secondo Balthasar non è nella dimensione intellettuale, o acustica, ma è nell'espressione del dinamismo di Dio, dove ha il suo carattere di indice dell'assoluto.

---

[8] H.U. VON BALTHASAR, *Lo sviluppo dell'idea musicale,* Milano 1995, 35.
[9] *Ibid.*, 36.
[10] *Ibid.*, 37.

Nella psiche dell'uomo esiste una "legge" di associazione. L'abitudine provoca un certo pensiero, dopo una certa percezione visuale o acustica. Questa "legge" significa anche coinvolgimento conscio o inconscio con gli altri sensi. La musica ha alcuni mezzi (crescendo, diminuendo, i diversi colori degli strumenti, tempo, melodia, armonia), per mostrare il carattere di allontanamento, l'allegro, il comico o il triste. Queste sono associazioni primarie della musica[11].

In altro settore è il campo della *musica a programma* che è la musica strumentale la quale segue il filo di una narrazione, evoca l'atmosfera di un luogo o il carattere di un personaggio. La musica a programma suscita associazioni, e ha una tendenza ad abbandonare "tutto il senso originario, assoluto della musica, la registrazione del dinamico metafisico".

La *musica a programma* dapprima vuole capire direttamente i rumori del mondo, poi utilizza gli stessi rumori in modo trasformato, raffinato o stilizzato (per esempio 6. sinfonia F maggiore "Pastorale"). Le sue vie sono diverse. Non si possono poi dimenticare i contenuti emotivi della musica: essi sono presenti anche senza associazioni. La *musica a programma* non è la più alta: rimane attuale la domanda se questa musica sia un arricchimento o un travisamento dell'idea musicale. La musica infatti ha altri scopi, oltre a quelli che offre la *musica a programma*. Musica non è composizione di un libro illustrato di pensieri.

Ma in certo senso si può vedere nella *musica a programma* del XIX secolo il ritorno di una vecchia musica spirituale, come per esempio quella di Bach. È vero che nella musica a programma domina una certa limitazione, e la vita emotiva e la vibrazione psichica non sono molto affinate; ciò è certamente un regresso. Se si libera la musica dalle associazioni può essere più alta, ma per la nostra natura questa impresa è quasi impossibile. Se noi proviamo a sentire la musica come tale (non come costruzione o espressione), poi si presenteranno nuove associazioni, almeno primarie. Ma queste associazioni non sempre devono distrarre, al contrario spesso ci aiutano a comprendere meglio l'assoluto, a guardare più lontano.

Nella musica si può vedere qualcosa di duplice: la dimensione metafisica, (quella più alta, che è al di la dell'esperienza fisica, che perviene alla spiegazione dei principi essenziali della realtà), e quella rappresentabile, inferiore (quella che si può percepire, analizzare). La musica si muove tramite queste due dimensioni senza raggiungere e rimanere su nessuna delle due. Nel periodo storico del materialismo si sottolinea l'aspetto più espressivo della musica e la musica a programma. Ma la storia conosce anche periodi di grande nostalgia metafisica

---

[11] Cf. R. BERGER, *Hudba a pravda*, Bratislava 1995, 78.

(Bach, Handel; il barocco come tale si presenta come il periodo di grande pietismo).

§ 1.4. Valori

La forma musicale è un problema, perché l'idea musicale è dipendente dalla forma. Chiedersi qual è la forma migliore tra le tante che esistono é superfluo, perché ognuna può esprimere una diversa idea musicale. Un'opera d'arte significa progresso, se continua in qualche modo il cammino dell'evoluzione complessiva dell'idea. In essa il divino deve essere avanzato di un passo nel mondo. Un pezzo di metafisica deve essersi definitivamente trasformato in forma. Con la nuova forma non si devono eliminare le forme precedenti, ma chiarle. La nuova forma si può fondare sull'altra senza distruggerla, e quelle che sono definitive non invecchiano; al più possono essere *fuori moda* (corale gregoriano, fuga, sinfonia classica, ecc.). Le forme in genere sono come le pietre per costruire, che si possono mettere una sull'altra.

Il vero valore ha validità generale e non è legato con l'aspetto personale. Nel periodo del romanticismo e dell'individualismo si vede nell'opera d'arte - molto di più che nei periodi precedenti - la persona dell'artista. Ciò caratterizza anche l'epoca del relativismo, ed è interessante vedere che nasce proprio nel periodo in cui la persona assume un'importanza centrale.

Il periodo dell'espressionismo é caratterizzato da una certa diffidenza e una certa fatica ad entrare nella "mentalità" dell'artista, ma oggi l'artista diventa "l'esponente dell'umano nei riguardi dello spirito". La sua arte deve essere molto più leggibile e trasparente, deve essere come Prometeo che va a prendere il fuoco dell'idea nel cielo. E questo fuoco non lo prende per sé, ma per il suo prossimo, (oggi diviene radicalismo sociale). La vera arte non è cosa privata, bensì pubblica e sociale. Ma non sempre é cosi: durante un concerto non si parla; ognuno si concentra, si isola per accedere a cose più alte.

L'inutilità dell'aspetto soggettivo dell'arte non significa che l'aspetto essenzialmente umano non sia importante: la struttura umana corrisponde a quella artistica. Spirito e materia hanno una nuova unione sostanziale. Il valore è una specie di compimento. I valori una volta esistenti, hanno validità eterna. Non dipendono dal mutamento del tempo o della moda: mai si potrà dire che la musica di Beethoven o di Verdi é superata perché questi autori sono "vecchi". I valori devono essere rispettati, e l'artista più grande li unisce in modo organico: "Quante più forme singole si riuniscono, tanto più la forma di un'opera d'arte si avvicina alla ideale forma espressiva dell'idea musicale"[12].

La forma musicale è limitazione per l'idea musicale corrispondente, come in certo qual modo il corpo é un carcere per lo spirito. Lo spirito si "incatena" per rendersi visibile. In questo senso la forma è necessaria. L'arte vuole essere realizzata in una forma. Lo spirito che è immediato e innegabile, si ritrova così limitato, e questo è in sé tragico. Questa tragedia è il destino di ogni arte, poiché ogni arte porta con sé il desiderio di avvicinarsi di più allo spirito, ma lo può fare solo provvisoriamente; perciò ne rimane la nostalgia. Tra le varie forme di arte la musica è quella che ci avvicina di più allo spirito.

"La musica è un monumento eterno al fatto che gli uomini seppero presagire che cosa è Dio, il quale eternamente semplice, vario e dinamico, fluisce in se stesso e nel mondo come *Logos"*[13]. Dal punto di vista filosofico *logos* significa la relazione stretta tra parlare e pensare. Esiste una differenza tra *logos* interno e *logos* pronunciato. Logos: quanto forma il pensiero, cioè la logica. Ma il temine Logos è parola teologica e biblica. Nel Prologo di Giovanni sono indicati una preesistenza infinita reale, poi la unione personale con Dio, la dignità essenziale senza identificazione con Dio Padre, autore della creazione, una funzione speciale della luce e della vita per il mondo degli uomini, e un segno di incarnazione cosmologica, antropologica e soteriologica, nel logos preesistente e dopo incarnato. Questo logos cosmologico, antropologico e soteriologico, nel logos preesistente e dopo incarnato sarà descritto al modo di inni che lodano in maniera ritmico - poetica. Taluni ricercatori pensano che esisteva un canto prima del Prologo di Giovanni, dove sono stati raccolti tutti questi attributi del Logos. Nel Gn 1, 4 del prologo "In lui era la vita e la vita era la luce degli uomini" qui è una certa ripercussione della teologia primitiva cristiana. Si capisce facilmente poiché Gesù Cristo che ha predicato la parola di Dio escatologicamente e soteriologicamente, può far riconoscere che Gesù è La Parola di Dio. Poiché lui ha spiegato la parola di Dio, poiché è diventato lui stesso parola di Dio[14].

§ 1.5.1. Ritmo

Primo elemento musicale è il ritmo. Oggi lo conosciamo come elemento strettamente collegato con la melodia e l'armonia. Ma non era sempre così. Il

[12] R. BERGER, *Hudba a pravda,* Bratislava 1995, 84.
[13] H.U. VON BALTHASAR, *Lo sviluppo dell'idea musicale,* Milano 1995, 47
[14] Cf. *Lexikon für Theologie und Kirche*, Vol. 6 , Freiburg, 1961, 1119.

ritmo anche da solo era portatore di una certa spiritualità, di un aspetto ipnotico ed estatico.

In natura possiamo ascoltare tanti suoni, di diversa intensità e di diversi colori. La domanda che viene automaticamente è: si possono questi suoni classificare solo come un caos di rumori o è gia musica? La domanda si chiarisce subito quando parliamo della natura morta o della natura viva (gli animali). Possiamo vedere tanta differenza in loro. Negli animali troveremo un gradino più basso dell'utilizzazione del fenomeno musicale - spesso è qualche funzione della sfera vitale - ma anche un gradino molto alto, che certamente possiamo chiamare con il termine di musica. È affascinante ascoltare con quale precisione alcuni uccelli ripetono un modello melodico - ritmico. Ma nei suoni che producono gli animali non si trova mai uno sviluppo. Non si trova mai quel lavoro faticoso di cercare un nuovo modo di "dare forma" al divino, che è tipico solo dell'uomo.

L'uomo primitivo percepiva i suoni della natura come una grande sinfonia. Stava in ascolto e attribuiva l'invenzione della musica agli dei. Ma all'uomo primitivo non bastava solo ascoltare, percepire: voleva anche creare. Il primo passo che probabilmente fece in campo musicale fu l'imitazione dei suoni della natura (uccelli e altri animali, danza delle onde del mare, ecc...). Il secondo passo che doveva fare era la lotta con il mondo esterno, dove scopriva che il "lavoro ritmico produce migliori risultati"[15]. L'uomo come "microcosmo" con il suo lavoro ritmico imita il cosmo, dove gli eventi sono ritmici. Movimento e ritmo sono strettamente collegati.

Si può dire che esistono due fonti del ritmo: una organica (battito del cuore) e una spirituale (questa fonte è una certa manifestazione dello spirito nel corpo, come la vita e la morte, ma è anche collegata con eventi cosmologici, come giorno e notte, estate e inverno). Secondo molti musicologi (musico – archeologi) agli inizi della musica ci fu il ritmo (il tamburo delle danze tribali). Esisteva il ritmo da solo - senza la melodia, ma in gran parte era un ritmo unito alla melodia. Il ritmo è stato riconosciuto sempre come un elemento dell'arte. Il ritmo da solo non è capace di esprimere alcuna idea spirituale. Il suo compito è molto limitato e collegato con la melodia; ma gli uomini primitivi hanno percepito molto forte il carattere ipnotico e paralizzante del ritmo. Il ritmo ostinato si usava anche per l'raggiungere l'estasi. Molti popoli hanno usato la poliritmia (combinazione dei diversi ritmi), ma anche il ritmo tramite la lingua o un altro mezzo di comunicazione[16].

---

[15] H.U. VON BALTHASAR, *Lo sviluppo dell'idea musicale,* Milano 1995, 20.

[16] Cf. P. KRBATA, *Psychológia hudby*, Prešov 1994, 135.

Secondo Balthasar l'essenza dell'arte è *in-formazione* del *metafisico*. Qui si trovano due parole da spiegare. Il termine *metafisico* che usa Balthasar è piuttosto filosofico, e lo usa per sottolineare il fatto che si tratta di un aspetto che è al di la dell'esperienza fisica, e perviene alla spiegazione dei principi essenziali della realtà. L'arte *in-forma* – si avvicina questa realtà che è sopra di noi, ma nello stesso tempo forma le persone, che si lasciano in-formare. È il processo che sviluppa certa sensibilità per l'arte musicale.

L'idea di una singola arte può essere diversamente *segnata* presso i vari popoli. Per i popoli primitivi la musica era solo un sottofondo ritmico per il danza o per il lavoro, "per la cultura araba stordimento ed ebbrezza"[17], per il popolo cinese al contrario, stimolo al pensiero. Per i cinesi diversi toni prendono il loro significato dai valori: per esempio *Fa* rappresenta l'imperatore, *Sol* il ministro, *La* il popolo e così via.

Le culture europee mostrano atteggiamenti completamente diversi. La teoria greco -antica attribuisce alla musica un effetto sulla psiche, sulla volontà, sugli affetti e i comportamenti dell'uomo in genere (la teoria greco-antica dell'ethos - comportamento con accezione morale).

§ 1.5.2. Melodia

Abbiamo visto che il ritmo ha una delle sue origini nell' aspetto spirituale. Può essere portatore di carattere ipnotico e anche estatico. Il ritmo è un mezzo molto limitato per mostrare il "mondo" trascendente, mondo che è al di la dall'esperienza fisica. Elemento musicale dove questi limiti quasi non ci sono, è la melodia. Questo secondo elemento della musica è la parte più nobile, che ha la più grande capacità di portare il messaggio spirituale come presenterò più avanti.

Per i popoli primitivi bastava il ritmo, ma grazie ai greci viene portata e sviluppata la melodia, la quale rimane sempre mistero e segreto: *in essa abita un'energia nascosta ma potente, che agisce in modo inesplicabile.* Il ritmo ha le sue radici nella nostra costituzione psicofisica e si può spiegare razionalmente. Anche l'armonia fa parte di questo genere, perché si può interpretare mediante rapporti numerici. Ma la melodia è qualcosa d'altro: non sorge dal pensiero razionale neanche mediante rapporti numerici. Nella melodia vi è un fluido che forma e unisce le note, ma da anche da un carattere nuovo. Questo fluido della melodia può essere turbato o schiarito. Portatore di qualche messaggio spirituale può essere anche un modello melodico – ritmico (una o due note). Queste strutture

[17] H.U. VON BALTHASAR, *Lo sviluppo dell'idea musicale,* Milano 1995, 24.

si chiamano *figure*. Con la logica non sono ulteriormente comprensibili: eppure sono immediate, evidenti, significative. "Nella melodia c'è una base dinamica, irrazionale, che eleva la musica a maggior altezza"[18].

Il termine greco *kalòs kài agathos* (bello e buono) mostra lo stretto rapporto tra *estetico e etico* o, usando termini più larghi *umanistico* e *religioso*. Per i greci non era chiara la differenza tra umanistico e religioso, come non era chiara la differenza tra corpo e anima. Per loro l'educazione del corpo è automaticamente anche educazione dell'anima, e viceversa. Questo non significa che la polarità psico-fisica non fosse conosciuta, ma che era rimasta inesplorata. Anzi già i greci erano contro l'opinione che la melodia si può separare dal ritmo. Sapevano che solo la sintesi organica che scaturisce dalla tensione dei poli opposti può dare frutti più geniali. Secondo loro nell'arte solo l'unione di melodia e ritmo porta frutti più alti.

§ 1.5.3. Armonia

Terzo elemento della musica è l'armonia. Da tanti secoli esisteva la musica senza questo elemento, che praticamente nasce col barocco. I periodi precedenti già avevano conosciuto l'armonia ma solo come effetto casuale, quando la linea melodico-ritmica era accompagnata con le altre linee. Nel periodo del Rinascimento, specialmente la musica vocale era presentata con tante linee melodico – ritmiche, cosi che l'armonia, a causa loro, era quasi incomprensibile[19].

Tra l'armonia in musica e la prospettiva nella pittura vi è un certo collegamento. La prospettiva nella pittura non è altro se non relazione di superfici e punti fra loro, cioè relazione di un "vicino" con un "lontano", di un "davanti" con un "dietro". Questa forma di pittura non era sconosciuta per i greci. A loro non era sconosciuta la prospettiva nella pittura. Ne anche la statua greca esiste solo per se stessa.[20]

Qualche cosa di simile si vede anche da come i greci concepivano la storia. Sembra che non distinguessero non vero valore del passato, bensì solo nel presente o nell'atemporale. Per i greci forse l'antico non ha valore come tale.

In occidente fu scoperta la relazione. La relazione porta con sé la possibilità di confronto. "Il valore relativo si pone accanto a quello assoluto, e cresce fino a mettere in dubbio la fondatezza di quest'ultimo". Questa scoperta porta con se le

---

[18] *Ibid.*, 27

[19] Cf. R. BERGER, *Hudba a pravda*, Bratislava 1995, 73.

[20] H.U. VON BALTHASAR, *Lo sviluppo dell'idea musicale*, Milano 1995, 30.

sue conseguenze: lascia che il pensiero greco viva per conto suo, sulle sue isole. L'occidente comincia a relativizzare tutto l'universo. Idea di "relazione" fu applicata anche alla musica. Relazione tra un suono che vibra più lentamente con uno che vibra più rapidamente. Questi due o più suoni insieme possono essere una consonanza piacevole, o dissonanza dispiacevole, possono essere portatori di certi valori positivi, ma possono portare anche una immagine negativa, oscura e paurosa. L'armonia è una nuova dimensione, trasmette una profondità della musica, apre nuove possibilità. Quello che è stato letto in senso orizzontale comincia ad essere appoggiato e collegato con una dimensione verticale.

Gli inizi dell'armonia furono timidi. Si cominciò con l'uso degli intervalli come l'ottava, la quinta, la quarta. Man mano si passò ad usare intervalli meno *consonanti*, come la terza, la sesta, la settima. Tutte queste nuove scoperte nell'armonia hanno portato in un certo senso grandi cambiamenti nel mondo; "e grandi invenzioni, che con Galilei relativizzarono infine l'intero l'universo: lo spazio cosmico si aprì d'un tratto, infinito e spaventoso"[21]. Ma anche nella musica grazie all'armonia si apre un nuovo spazio per la relazione tra i toni che presentano facilmente un aspetto infinito e divino. Non si può non vedere questo aspetto nella maggioranza delle opere barocche, nelle opere di Bach, Händel o Vivaldi.

Col periodo barocco si apre una nuova strada per l'arte musicale, che diventa più capace di avvicinarsi all' inspiegabile mistero divino, e che grazie alla musica arricchita dall' armonia si perfeziona.

Non soltanto l'armonia porta un nuovo potente sviluppo della percezione della musica, ma anche la dinamica - l'uso del crescendo e decrescendo - conferisce il *patos* antropologico dell'espressione interiore, che si sviluppa nel periodo barocco, ma ancor più nei periodi del classicismo e del romanticismo.

L'armonia apre tante nuove possibilità, ma non ha lo stesso valore intrinseco della melodia. Secondo Balthasar essa è un'arte più razionale, più matematica. L'armonia, che ha carattere matematico, quasi tecnico "non ha tanti misteri in sé come la melodia"[22]. Il periodo storico del razionalismo appoggiava e curava molto l'armonia, ma essa da sola non è in grado di spiegare le idee più alte. Solo con la melodia prende forza e solo in lei può trovare il suo compimento. Questo aspetto di importanza melodica voglio sottolinearlo in altro capitolo.

La musica è come un incompleto prendere forma del divino. Essa, che all' inizio del suo sviluppo (suoni degli animali e musica dei popoli primitivi) aveva

---

[21] *Ibid.*, 32.
[22] *Ibid.*, 33.

solo la possibilità limitata di esprimere qualche idea, alla fine diventa ”esperienza immediata nella tridimensionalità”. Questa tridimensionalità aiuta ad avvicinarsi all' inspiegabile mistero molto spesso più che le parole. La teologia, che sono le parole umane su Dio, faceva tanti sbagli e doveva correggere o cancellare quello che aveva detto prima. Il linguaggio musicale non ebbe questo atteggiamento mai. Esso può solo aiutare ad avvicinarsi più o meno al mistero di Dio, ma non può dare la dottrina sbagliata.

La musica è un'arte temporale: procede, si muove, poi arriva o torna indietro. Ma allo stesso tempo la melodia, il ritmo e l'armonia trascendono in essa come significativo legame con il mondo divino.

§ 1.6. Testimonianza per Mozart

Balthasar non ha scritto molto sulla musica, ma in quello che ha scritto uno posto speciale occupa il saggio *Testimonianza per Mozart.* Non c'è dubbio che questo compositore del classicismo attirava la sua attenzione più degli altri. Si diceva che Balthasar sapesse a memoria tutte le composizioni di Mozart per pianoforte.

Questo breve saggio sottolinea il fatto che ogni musica porta con sé elementi che caratterizzano l'autore della musica, il compositore. Questo non è contro quello che dice Balthasar in una parte precedente, che il vero valore ha validità generale e non è legato all'aspetto personale. Un vero valore ha la sua validità indipendentemente dalla persona, perché viene dal mondo che trascende il compositore. Gli stessi compositori o artisti spesso non sanno spiegare perché scrivono o suonano così. Anche per loro la propria opera non è completamene spiegabile, perché non fa parte della loro logica o razionalità. Ma un certo collegamento, un tramite tra la persona e la sua opera d'arte rimane sempre. Sotto i toni che ascoltiamo possiamo scoprire anche il personaggio con la sua esperienza vitale. Così nella musica di Beethoven possiamo sentire molte gocce di sudore. Nella musica di Bach percepiamo l'ordine, l'architettura precisa che sta costruendo l'uomo equilibrato. “L'enorme opera di Mozart ci appare invece come già nata senza alcuno sforzo, messa al mondo come un figlio già perfetto, giunto alla sua maturità senza turbamenti”. Questa musica sembra come la memoria del paradiso terrestre distrutto dal primo peccato dei progenitori. Cristianesimo e arte hanno qualche cosa in comune, cioè sono sopra la natura.

“Questo essere fantastico ha qualche cosa a che fare con il cristianesimo, dove la maledizione della sofferenza si dissolve soltanto attraverso la benedizione di una più radicale "sofferenza di Dio"[23]. Noi siamo pellegrini che camminano fra Eden e Cielo, e questo cammino è doloroso e faticoso. Ci sono tante dissonanze della nostra esistenza che ci accompagnamo in quanto siamo usciti da Dio e andiamo verso Dio. Proprio per questo non dobbiamo mai lasciare l'immenso presentimento d'amore, di luce e di splendore, di eterna verità e armonia. Esiste un altro modo, migliore e splendido che aiuta a scoprire e vedere più chiaro la nostra *divinità discendente* e la nostra *nobiltà*. Tutti coloro che vogliono portare qualche cosa di positivo per la umanità devono attenersi a questo orientamento. Prima di tutti quelli che presentano questo orientamento in modo esemplare vi è il Figlio del Padre, e Mozart con la sua musica: creando e vivendo, diventa in un certo senso discepolo del Creatore. Nella sua musica si trovano aspetti spirituali dove la confessione del peccato si presenta come acquisto di grazia, e di timore di Dio, come fiduciosa speranza di redenzione.

Nelle sue opere, in Regina Coeli[24], nei due Vespri[25], nelle Litanie[26] e nelle Messe si trova una radice creativa e uno stile profondamente spirituale. Queste opere sono accompagnate con parole – perché la creazione deve essere trasfigurata, e pregando, la natura deve essere redenta.

Tutto ciò che scopriamo nella musica di Mozart non può essere solo uno stile di composizione, ma è semplicemente cristiano, dove c'è spazio per la confessione del peccato e per il timore di Dio. Ma confessione e timore di Dio si vedono nella fiduciosa speranza della redenzione.

§ 1.7. Commentario riassuntivo

Qual è l'utilità e qual è l'originalità di **Hans Urs von Balthasar** per il mio tema? Non a caso, fra i teologi ho scelto lui per primo. Lui, come musicista e anche famoso teologo, secondo me aveva una maggior predisposizione a scoprire che la musica può portare un messaggio teologico. Mi sembra che il paragrafo *Lo sviluppo dell'idea musicale* sottolinei proprio questo che è il centro del mio tema, cioè come l'arte musicale sia veicolo della teologia. Nessuno dei teologi seguenti sottolinea così chiaramente che il vero sviluppo della musica dipende dalla idea spirituale, e non dalla ricerca di un'ottima forma o di una tecnica meravigliosa. Per Balthasar l'arte è processo dinamico verso una meta finale che non è altro che la

[23] H.U. VON BALTHASAR, *Testimonianza per Mozart,* Milano 1995, 63.
[24] KV 276.
[25] KV 321, KV 339.
[26] KV 109, KV 195.

realtà divina. Questo legame tra musica e teologia sarà ripreso e sviluppato da Bruno Forte.

La originalità di Balthasar in questo tema è il metodo analitico, con il quale osserva il ritmo, la melodia e l'armonia della musica. Distingue molto chiaramente la capacità di queste tre componenti di portare il messaggio teologico. Il ritmo è sempre secondo lui un portatore di spiritualità soprattutto per i popoli primitivi. La melodia ha maggiore capacità di portare il messaggio spirituale e teologico, e presenta anche un elemento più nobile, perché non sorge dal pensiero razionale e quasi matematico come l'armonia. Gli altri teologi che ho scelto non potevano entrare così profondamente nell' analisi musicale proprio per la mancanza di esperienza pratica della musica (Balthasar suonava il piano molto bene). Balthasar vede la Bellezza come naturale compagna della Verità. Secondo lui una struttura è bella se è una forma analogica della verità divina. Con questa analogia si avvicina a due teologi orientali, che ho scelto per approfondire il tema. (Il tema della unità analogica di Vero, Bello e Buono lo sottolinea soprattutto Solov'ev). Nell'ultimo paragrafo di *Testimonianza per Mozart.* Balthasar osserva come la musica porti qualche cosa del compositore, ma successivamente ha un valore non legato alla sua persona perché proviene dalla realtà che la trascende. Questo aspetto dell'arte musicale è così ovvio, che più meno tutti i teologi seguenti la pensano similmente.

Capitolo Secondo
Pier Angelo Sequeri

Pier Angelo Sequeri è uno di più noti teologi italiani che si occupino di musica. È docente di teologia fondamentale alla Facoltà Teologica dell'Italia settentrionale di Milano, responsabile della sessione musicale della Biblioteca Ambrosiana e anche direttore del Laboratorio di Musicologia Applicata di Milano. Sequeri è compositore. Punto di partenza del suo pensiero teologico sulla musica sono i saggi di Balthasar, dedicati a questo argomento. In certo senso Sequeri sviluppa il pensiero teologico di Balthasar sulla musica e approfondisce temi che sono impliciti nei saggi sulla musica del teologo svizzero.

§ 2.1. "L'Antiprometeo"

Per la serie dei saggi sulla musica, Sequeri ha scelto il titolo di "Antiprometeo". L'antica figura di Prometeo viene evocata come modello della rappresentanza che l'artista assume nei confronti della collettività in ordine alla conquista dello spirituale. L'artista deve "come Prometeo, rubare il fuoco dal cielo"[27]. Però il Prometeo moderno, l'Antiprometeo, non é più il rappresentante della collettività umana nel suo rubare qualcosa di divino, quindi non è un intercessore, un mediatore tra l'uomo e gli dei, ma eleva se stesso al posto di Dio e dona alla comunità (isolandosi da essa) i frutti della sua ossessiva ricerca di sé, cosicché il fuoco da lui rubato produce più fumo che creatività. È quindi per questa carenza nell'artista di oggi, cioè di non essere intercessore tra l'uomo e gli dei, per la sua tendenza ad elevare se stesso, che Sequeri ha scelto questo titolo di Antiprometeo.

Il sottotitolo di questo saggio è *Il musicale nell'estetica teologica di Hans Urs von Balthasar*. Sequeri, che si sente vicino a questo teologo, fa una distinzione tra Prometeo classico e Prometeo moderno, cioè l'Antiprometeo. Nel suo saggio osserva che, secondo Balthasar, Bach era un vero artista, un Prometeo che ruba il fuoco dal cielo. Balthasar riconosce in Bach compositore la tappa evolutiva della musica antica, e ripropone il tema della coralità dell'arte (e quindi della verità) contro l'esasperato individualismo romantico e moderno. Balthasar inoltre chiarisce il termine *idea musicale*, sottolineando che questa presenta fortemente l'antica musica spirituale, assoluta, di Bach, come via corretta ed esclusiva.

---

[27] H. U. von Balthasar, *Teodramatica*, I., Milano 1995, 380.

Ma Sequeri osserva che il cammino della musica rispecchia per Balthasar un triste fenomeno di regresso. Dalla bellezza di un'estetica non esibizionista, *regale*, al servizio della parola e della comunità, si é arrivati all' espressione nella musica di un individualismo che manifesta tutti i suoi limiti. Invece nel corale gregoriano e nel contrappunto polifonico della Scuola Fiamminga c'era un utile concorso di unità che non perdendo se stesse confluiscono nell' intero. L'inizio della battaglia tra antico e moderno fu l'introduzione di una voce, in un primo tempo regolata nei suoi spazi di dialogo. Balthasar nota infatti: "La libertà di un ordine retto dalle leggi che vincolano le parti é di qualità superiore a quella di una singola voce prigioniera dei suoi limiti individuali"[28].

La musica di Wagner conferma per Sequeri il suo carattere ambiguo, diviso, decadente. Lo indica per mostrare un artista di tipo Antiprometeo. Questa sua opinione può essere eccessiva e nessuno dei critici della musica direbbe così. Ma Sequesri non è critico musicale, ma teologo. Da questo punto di vista, come ho già detto, giudica Wagner. Giudicando la musica dal punto di vista teologico, esistono solo due tendenze: se contribuisce o no ad avvicinarsi a Dio.

L'inquietudine degli eroi di Wagner non é la conseguenza di una colpa, ma è dovuta a qualcosa di inevitabile, in cui l'uomo (al tempo stesso sottomesso o ribelle agli dei) lascia che l'universo divino accada senza assumersene la responsabilità. C'è una fatalità che non lascia spazio a scelte volontarie di amore, ma alla realtà del tragico. La potenziale "amoralità" della forma musicale viene sfruttata da Wagner per una riconciliazione fra il naturale e il divino, fra il corporeo e lo spirituale, che si rivela però non credibile, illusoria, esteriore, insomma una finzione che dimostra come, nel momento stesso in cui diviene oggetto di rappresentazione e non esperienza vissuta, il religioso nella forma musicale è escluso[29]. Quindi secondo Sequeri la musica di Wagner contiene ben poco di teologico e non porta testimonianza di profonda spiritualità nell'artista.

Il contrario di Wagner è Mozart. La sua musica può essere valutata come memoria di una più antica teologia. Sequeri dice che la musica non si può ridurre all'immediatezza del sensuale e dell'erotico, come vorrebbero fare alcuni autori, altrimenti la musica non avrebbe mai avuto una storia. La coscienza della storia è un'acquisizione della civiltà occidentale cristiana. La musica ha avuto tanti ruoli nel corso della storia: imitare la natura, far parte di feste, avere funzione di segno ecc; ma prima di tutto è scienza dello spirito. Sequeri sottolinea che la musica è

[28] *Ibid.*, 380.

[29] Cf. P. SEQUESI, *Antiprometeo. Il musicale nell'estetica teologica di H.U.von Balthasar*, Milano, 1995, 97-101.

l'ambito dell'estetico dove la coscienza religiosa cristiana ha più efficacemente espresso il linguaggio dell'*eros*, nel senso di amore, desiderio che si apre al mondo trascendentale[30].

Per la religione cristiana, nello sviluppo della storia musicale dell'Occidente vi è la chiara manifestazione che anche l'arte musicale esiste come manifestazione di un'estetica, dove si trovano spiritualmente l'*ethos* e il *pathos,* il presagio e la nostalgia, *simbolo in esercizio,* elementi che formano il tema proprio del cristianesimo. Questa manifestazione porta all'unione tra sacro e profano, di cronologico e di escatologico, di corpo e anima, di mondo e di Dio.

Sequeri sostiene che Balthasar ha ragione quando dice che: "Mozart, animando con la sottile emozione della sua straordinaria re-invenzione dell'*eros* "profano" anche la sua musica "sacra", lascia intendere che l'algida estraneità dello spirito ai sensi, e l'autonoma sordità dei sensi alla voce dello spirito è in qualche modo estranea alla sostanza dell'*eros*, come alla verità della musica".[31] Nella musica di Mozart si percepisce in entrambi casi, lo spirituale e il sensibile. Il riconoscimento che risuona nella sua musica coincide col desiderio dell'uomo, quel desiderio segreto, venuto dai cuori, che Dio fa vibrare.

Sequeri cita Kierkegaard, per il quale non basta avere un orecchio erotico (cioè sensuale), ma per scoprire e sentire la musica è necessario anche un orecchio teologico. Mozart non è un teologo: neppure la sua musica è teologia. Ma l'ascolto teologico è in grado di intuire l'enigma mozartiano, e generalmente la spiritualità del compositore. Di questo enigma gli interpreti e i critici danno una spiegazione in gran parte chiara. Secondo Sequeri nella musica di Mozart troviamo il disegno originario del mondo da parte di Dio. Balthasar riconosce nella musica di Mozart "la qualità teologica e cristiana di una teologia dell'*eros* senza parola che si porta oltre la separazione dello spirituale e del sensibile, dell'elemento mondano e dell'elemento cristiano"[32]. In Mozart dunque sparisce la differenza tra sacro e profano, tra laico ed ecclesiastico, tra filosofico e teologico. In sintesi, la musica di

---

[30] *Eros, erotica* è una denominazione di *amore* che ha prevalso nel vecchio mondo greco e che è stato di nuovo riassunto dalla psicologia moderna. In greco *eroticos* vuol dire l'arte di amare e ciò che riguarda l'amore. È usato in preponderanza in un senso piuttosto negativo o limitato al sesso. Dal tempo di Homeros questa parola significava l'amore appassionato, desiderio, molto spesso con una forza quasi demoniaca, che supera l'io cosciente. Nel culto *dionisiaco* o *orfico* si sono incontrati erotica e religione nei riti di fecondità e della costituzione del tempio passando oltre l'ubriachezza dei sensi ad un incontro entusiastico con Dio. Ma in questo periodo il significato di *incontro con Dio* non è molto comune. Più tardi questa parola significa superamento della sfera razionale che approda all'entusiasmo. *Eros* diventa unico bene divino che viene ricercato con qualunque amore e diventa eterno l'esistente.
Cf. *Lexikon für Theologie und Kirche*, Volume 3, Freiburg 1961, 1038-1039.

[31] P. SEQUESI , *Antiprometeo. Il musicale nell'estetica teologica di H.U.von Balthasar*, Milano 1995, 123.

[32] *Ibid.*, 124 - 125.

Mozart ci riporta alle origini del mondo e dell'uomo, che la riceve come un libero dono di Dio.

La musica di Mozart si presenta a noi come il miracolo di un equilibrio "tra libertà creativa e la regola compositiva, che suggeriscono altrettanto bene la figura compiuta dell'ideale dello spirito incarnato e della felicità del sensibile, dell'eros e dell'ethos (melodia e ritmo)".[33] La sua musica non consegna dei problemi, ma gli interrogativi che il *gioco* mozartiano presenta sono interamente affidati all'ascoltatore. Un *eros* sottile pervade il filo della forma anche drammatica come una sfera extra-musicale della coscienza. Nello stesso modo viene comunicata la certezza che, finita la musica, puoi cercare qualcos'altro che è in te. La musica di Mozart è il luogo in cui la questione del rapporto fra l'emozione sacra e la passione mondana si propongono nei termini di una nuova sensibilità moderna.

La musica di Mozart secondo Sequeri rivela *grazia* allo stato puro, naturale, senza bisogno di artificio, e non mostra alcuna consapevole volontà di rappresentare ciò che poi effettivamente comunica (perciò Mozart è opposto a Wagner). Questo avviene indipendentemente dal tema-sacro o profano- che in essa viene trattato. Nella sua musica si coglie la gioia di un cristianesimo trionfante, non segnato dal peccato e di conseguenza dalla redenzione, non improntato al timore del giudizio divino, ma alla fiducia della salvezza. Vi si celebra una creazione prima della caduta originale e dopo la resurrezione. Balthasar riconosce inoltre in Mozart un'obiettiva volontà di sequela di Cristo, la ricerca di ciò che é nobile e perfetto nell'uomo, come segno inconfondibile di figliolanza con la grazia di Dio. Tutto ciò ha un qualcosa di liberatorio che pare rendere possibile annullare ogni diffidenza in campo teologico - filosofico. Mozart infatti non teorizza, non vuole rappresentare consapevolmente il sacro tramite la musica, ma suona, accoglie nella sua opera la pura risonanza del divino. Vediamo come i limiti del linguaggio teologico - filosofico sono superati nel linguaggio musicale: gli stessi temi trattati da Mozart se teorizzati rischiano una inevitabile deformazione del loro contenuto. Tuttavia rimane in Balthasar la preoccupazione riguardo i possibili rischi di fraintendimento ai quali va incontro una sintesi teologica estetica, sia nel senso di una sopravvalutazione dell'estetica teologica, sia nel senso di un pregiudiziale timore di svuotamento di serietà, di eticità del cristianesimo.

Quando la musica vuole essere semplicemente conoscenza, è sempre ad un passo dal perdere il proprio equilibrio estetico. La musica era già nata nella coscienza dell'uomo come *teo-logia*. I miti del suono generatore ci consegnano

[33] *Ibid.*, 113.

l'arcaica testimonianza di potenti legami evocati nelle pratiche musicali della nascita e della morte, della medicina magica ecc.

"Il musicale è da sempre congiunto al teologico portando sostegno alla fiduciosa ricerca - celebrazione di una origine affidabile dell'universo materiale che ha motivo di essere considerato domestico per lo spirito. Nelle *invenzioni* del ritmo, della melodia, dell'armonia, ci sono la scoperta e l'esercizio di un possibile *ad-domesticamento* del mondo"[34].

Certo, la musica non trasforma il mondo, ma secondo Sequeri, lo rende abitabile. È capace di suggerire una incorruttibilità del corporeo, una spiritualità della materia, una intelligenza dei sensi. La musica persuade della ulteriorità del senso di ciò che viene alla luce del mondo. È necessario lasciare nella sua ambiguità la metafora musicale di un'anima del mondo. Si può comprendere Dio e arrivare a credere di possedere il mondo nella musica. "L'ascolto musicale è anche un senso spirituale, la musica è anche *teologia.* Questo non è romantico. È semplicemente cristiano"[35].

§ 2.2. Religione e arte

Nella interpretazione di Balthasar l'uomo religioso e l'artista presentano punti di contatto ma anche un'opposizione decisiva. I punti comuni sono rappresentati da un mandato che viene dal di fuori come "ispirazione" e come "grazia". Ma nella forma di questo mandato - cioè nell'obbedienza ad esso - l'uomo religioso e l'artista sono separati. L'uomo religioso attua il suo mandato tramite l'obbedienza ecclesiastica, l'artista invece lo adempie nella più perfetta autonomia creativa (obbedendo solo a Dio).

Un altro punto comune è che ambedue trovano il loro senso in un rapporto con qualche cosa non di *astratto e lontano*, ma di *attuale e concreto*. L'arte e la religione guardano allo stesso centro. Questo centro è quel presentimento della prossimità del "Tu" divino, che è presente in modo non rappresentabile. "L'arte infatti rimane necessariamente inadeguata nei confronti del progetto di rappresentare un oggetto irrappresentabile"[36].

Il *sentimento religioso* costituisce uno stimolo decisivo per l'arte. In ogni vero artista vive l'ambizione di dargli "parola" o "forma" nella grande opera d'arte

[34] *Ibid.*, 127.
[35] *Ibid.*, 129.
[36] *Ibid.*, 72.

compiuta e *definitiva*. Ma rimane il fatto che l'arte non possiede in sé una forza di universale redenzione. Questo rimane solo compito della religione.

Religione e arte cercano secondo Sequeri il rapporto tra "sentimento" e "forma" e anche il rapporto tra l'atto "estetico" e quello di "pensiero". La pura "impressione o sentimento" non produce intelligenza sino a quando una elaborazione non dà una "forma" che è riconoscibile. C'è una tendenza a costruire razionalmente il modello di una religione *a priori*. Simile tendenza si vede anche nell'arte. La nostra preferenza dovrà andare ad un modello di religione e di arte nelle quali *intuizione* e *ratio* si mostrano armonicamente integrabili.

Per il cattolico, la maggioranza delle cose o eventi hanno un chiaro aspetto razionale, ma anche un profondo e significativo aspetto irrazionale. L'aspetto irrazionale presenta tutto quello che non si lascia ridurre entro gli schemi della ragione, che la trascende; esso è mistero davanti a noi, arricchisce la nostra persona con mezzi che non hanno molto in comune con *la ratio*: per la maggior parte restano misteriosamente nascosti e si possono rivelare solo tramite intuizione e immaginazione. Questo dualismo (razionale e irrazionale -significativo) è caratteristico anche per un'estetica ispirata dalla modalità "cattolica". Una elaborazione creativa dell'estetico, la persona cattolica la trova nel legame fra il carattere esistenziale - personale della fede e il principio razionale-oggettivo della forma religiosa. Secondo Sequeri, il divino e il religioso rappresentano in un certo senso l'ispirazione estetica. D'accordo con Balthasar, è convinto che l'esperienza religiosa ed artistica determina un orientamento che ha una sua propria forma.

La religione e l'arte sono secondo Sequeri due aspetti diversi, ma non necessariamente contradditori, anzi sono strettamente collegati. Non c'è dubbio che esistono effettivi rapporti fra l'arte religiosa e la religione cristiana. Anzi, la storia è testimone di tante ambivalenze. Ci sono tanti sviluppi nella cultura dell'arte che sono stati direttamente generati dallo sguardo cristiano sul mondo. Qui si trovano le radici della ricerca di nuovi modi di sentire e di nuove forme espressive, ma qui si trovano anche tanti effettivi rapporti tra arte e fede cristiana. E non esistono rapporti solo fra l'arte religiosa e la religione cristiana, ma anche rapporti tra arte e religione n genere. Non c'è dubbio che esiste un collegamento tra l'estetica come opera di arte, come forma di bello e la religione come opera della fede. L'opera della arte e anche la religione hanno qualche cosa in comune, oltre il piacere sensibile e l'esperienza emozionale. Tutte le persone che hanno ricevuto una educazione musicale-artistica hanno ricevuto quasi automaticamente qualche cosa della coscienza soprannaturale, trascendentale o religiosa. Tante forme dell'arte possono essere riconosciute come forme della elevazione a Dio, della lode, della creazione, della propiziazione dell'esperienza religiosa.

La riflessione teologica deve avere più profonda consonanza con il tema radicale della costituzione dell'arte. Quella dimensione simbolica della percezione del mondo che dà vita ad ogni sapere, si può affidare ad una rivelazione del senso[37].

§ 2.3. *Rivelazione e bellezza*

"É bello per noi stare qui" (Mt 17,4). La trasfigurazione di Gesù é per gli apostoli il punto massimo dell'esperienza estetica. Gesù appare bello. Qui si mostra l'esperienza estetica collegata con l'esperienza della chiamata. Pietro, Giacomo e Giovanni sono stati "presi" da Gesù. Per la musica o per l'estetica é questo un momento importantissimo: essere "presi", "toccati" dal mistero che é più grande di me e che mi vuole coinvolgere a sé.

Questo brano del Vangelo é molto significativo per l'esperienza musicale o generalmente per l'estetica. Gli apostoli possono vedere e sperimentare lo splendore di Gesù, che è Dio. Questo splendore di Dio non lo vedevano, non lo sperimentavano ogni giorno. Fino ad un certo momento avevano potuto sperimentare altri attributi della grandezza di Dio: la potenza, la sapienza, la profondità, l'amicizia ecc. Ma la bellezza di Gesù si fa vedere solo sulla montagna e possono vederla solo tre degli apostoli. Perché? Vedere, percepire la bellezza richiede preparazione, ci vuole tempo e fatica per salire sulla montagna. Non tutti sono disponibili a farlo.

Percepire la bellezza estetica dell'arte musicale richiede effettivamente preparazione e anche fatica. Non è assente dalla nostra vita quotidiana, ma noi non siamo capaci di coglierla ogni giorno. Spesso capita che alcune persone sono quasi "elette" a vedere e percepire l'arte musicale più di altre (hanno ricevuto una certa formazione, hanno ereditato una certa sensibilità ecc.). Perché gli apostoli si trovano bene? Perché questa rivelazione - l'apparire di un Dio che é bello guardare e con il quale si sta bene - é l'appagamento secreto di ogni desiderio e di ogni attesa. Anche l'arte musicale porta con sé qualche segreto, desiderio, attesa, qualche momento indefinito, inspiegabile, e per questo si svela più divina di tante definizioni e spiegazioni. Il rapporto tra rivelazione e bellezza riguarda infatti la sostanza teologica e la forma antropologica[38].

---

[37] Cf. P. SEQUERI, *L'estro di Dio*, Milano 2000, 103-117.
[38] Cf. *Ibid.*, 16-21.

Ma, secondo Sequeri, non é facile stabilire questo rapporto. Si rischia infatti di cadere in facili conciliazioni. C'è il rischio anche che subordinando l'arte alla religione si possa arrivare all'opposto, cioè a subordinare la religione all'arte. Da ciò deriva una certa paura dei teologi di lasciare troppo spazio all' arte, o più in generale all'estetico.

La paura di lasciare troppo spazio all' estetica ha i suoi motivi anche nell' evoluzione stessa di questa scienza, che é andata sempre più esteriorizzandosi, staccandosi dai trascendentali del vero e del bene. Secondo Balthasar tale evoluzione rischia di mortificare la consistenza dell'oggetto dell'estetica, cioè del bello. Di fatto, a causa di tale paura si é andata consolidando nel tempo una "propedeutica filosofica per seminaristi" nella quale non c'e posto per una estetica filosofica. Balthasar vede che l'estetica della quale hanno paura alcuni teologi è in realtà svuotata del suo contenuto più proprio: la paura è che la teologia venga assorbita dall' estetica.

Nel suo saggio "Rivelazione e bellezza" Sequeri presenta il filosofo Martin Deuntinger, come l'ultimo tra i cattolici (tra gli anni 1840 - 1860) a sostenere l'inseparabilità di bellezza e rivelazione e afferma che é criticabile liquidare gli autori della stessa posizione di Deuntinger come facenti parte di una ideologia romantica decadente. Martin Deutinger sostiene infatti che le due sfere, rivelazione e bellezza, sono inseparabili. Ma ciò non toglie che ancora oggi non sia possibile collegarsi con facilità alla posizione di Martin Deuntinger.

Sequeri nota che sullo stesso argomento è utile conoscere anche il pensiero di Kierkegaard, che sembra a prima vista contro Martin Deutinger. La posizione di Kierkegaard, di separazione tra bellezza e rivelazione, é stata presa come bandiera dai moderni, che sostengono l'impossibilità di conciliare rivelazione e bellezza. Nel pensiero moderno – specialmente nel periodo dell'*Illuminismo*, il problema del senso è collegato con un interesse culturale. Con la certezza soggettiva, la tipica indeterminatezza semantica musicale viene definita come una povertà cognitiva, che destinava il musicale ai contorni ornamentali dell'esistenza. Eppure questa scissione ha propiziato l'enfasi di una superiore capacità dell'estetico – e del musicale in modo speciale – in ordine all'accesso a ciò che sta oltre la povertà della lingua. Sequeri dice che oggi si vede qualcosa di "tragico" nel dialogo tra ideale della ragione e esperienza del mondo. Quando parliamo di musica si può constatare il "gioco pericoloso" del rapporto fra la conoscenza e la volontà nei confronti del mondo, il cui destino non è possibile conoscere.

Secondo Kierkegaard la conciliazione del sensibile e del senso estetico è soltanto illusoria. Non è possibile cercare questa conciliazione speculativamente attraverso lo sforzo filosofico della ragione assoluta, come voleva Hegel. La musica vive di infinite possibilità di risonanza e presenta la felice immediatezza del sensibile. I sensi e il senso sono due realtà separate. In realtà, secondo Balthasar e Sequeri, Kierkegaard non ci pone davanti a una scelta tra l'estetico e l'etico; infatti, sostenendo l'impossibilità di una vita puramente estetica, Kierkegaard si orienta verso una sintesi dei binomi: religione - arte, etica - estetica, rivelazione - bellezza. Egli dunque non nega l'incontro tra rivelazione e bellezza, di cui sottolinea l'originalità di ciascuna. Il suo pensiero è in realtà lontano da una scelta netta tra l'estetica e l'etica. "Il bello ritornerà solo quando tra la salvezza trascendente, teologica, e il mondo perduto nel positivismo e nella freddezza del cuore spietato, la forza del cuore cristiano sarà tanto grande da sperimentare il cosmo come rivelazione di un abisso di grazia e d'incomprensibile amore assoluto. Non semplicemente di credere, ma di sperimentare"[39]. In Kierkegaard l'estetico non è reale soltanto quando evoca direttamente il senso religioso.

Balthasar nota come il ritorno vero e proprio del bello avverrà solo quando il cuore cristiano sarà capace non solo di credere, ma di sperimentare il cosmo come rivelazione di grazia e amore. L'estetico viene poi messo in gioco nel carattere fascinoso e avvincente della rivelazione cristiana. Emblematica é la figura del crocifisso, "la forma delle forme" la forma incontenibile, che rivela luminosamente il divino nell' atto di comprovare se stesso, il senso estetico soprannaturale. Sulla base di quanto detto sopra, l'idealismo tedesco presenta una forza religiosa da riesaminare e rivalutare.

Kierkegaard in certo senso presenta la musica come la teologia più antica. Egli tocca il problema teologico della musica. "La sospensione estetica dello spazio musicale, del tutto impermeabile alla dialettica del tempo storico, è proprio il limite della coscienza musicale antica"[40], scrive Sequeri.

Sequeri inoltre nota che Sant'Agostino, abbandonando l'estetismo giovanile, si trova poi a fondare un'estetica contemplativa dell'esistenza cristiana. Diventa "fondatore di un'estetica cristiana che risalta meno nel suo *De Musica* di quanto non appaia nella misura e nel ritmo della sua esperienza di vita. Si che egli si conquista la propria esemplarità – in termini di stile contemplativo della bellezza trinitaria e di poetica radicale dell'esistenza cristiana – proprio attraverso

[39] *Ibid.*, 102.

[40] P. SEQUERI , *Antiprometeo. Il musicale nell'estetica teologica di H.U.von Balthasar*, Milano 1995, 115-121.

l'abbandono dell'estetismo giovanile e oltre la levigatezza scaltrita della teoria"[41]. Nello stesso modo il francescanesimo delle origini di san Bonaventura, che formalmente non ha nulla di estetico, ha in realtà in sé un'universale poetica dell'essere creatura, e supera quindi per più autentico vigore l'estetica formale del suo platonismo. Essi non volevano come meta l'estetica e per questo hanno trovato alla fine una vera estetica.

§ 2.4. L'idea del musicale

In *Die Entwicklung der musicalischen Idee* (1925) Balthasar indaga il formarsi dell'idea musicale attraverso l'invenzione e il comparire delle sue strutture basilari: il ritmo, la melodia, l'armonia (con originale approccio fenomenologico e storico).

Nella sua premessa sottolinea che "la musica é l'arte più ineffabile perché é la più immediata"[42]. Sequeri per sviluppare questo concetto analizza quindi la dialettica di vicinanza e lontananza tra l'idealismo e l'estetica romantica, lontana dalla visione illuministica, che vede questo fenomeno come una semplice spontaneità del sentimento e del gioco. La musica é tra le altre forme artistiche quella che più pone il problema della definizione concettuale della sua essenza.

Essa infatti evoca ciò che per eccellenza é indefinibile e non comprensibile razionalmente, ciò che è inafferrabile, fenomeno di gioco e grazia nello stesso tempo. È infatti impresa molto rischiosa chiarire con la parola ciò che si manifesta completamente al di là e al di qua della parola. Ma una via di uscita é data dal fatto che il senso é il recettore comune di tutte le arti, che sono le forme tramite le quali il senso opera, come i "diversi dialetti" di una medesima lingua. Così la parola e il suono sono, secondo Sequeri, differenti modi di uno stesso contenuto del senso.

È bene sottolineare che quando Balthasar e Sequeri parlano della idea musicale, sempre pensano al suo carattere intrinseco, il cui sviluppo della idea musicale corrisponde alla domanda di senso dell'arte che aiuta a vedere qualcosa come la "luce divina".

Secondo Sequeri la "luce divina" è come tema l'ultima di ogni forma del senso nell'arte. Egli sottolinea che il senso non é un qualcosa di informe, indeterminato, ma come già San. Tommaso indicava, é una materia segnata; ma da cosa, se non dalla luce divina che guida il cammino di ogni arte nel dare corpo a

---

[41] *Ibid.*, 80.
[42] *Ibid.*, 94.

un'idea spirituale? L'esperienza estetica del nostalgico e del tragico nasce proprio dal tentativo dell'uomo di dare una forma compiuta al senso, impresa realizzabile solo per immagini, poiché nessuna ragione finita può includere in sé la luce dell'intero. Il senso infatti, pervaso da questa luce divina, non è circoscrivibile in alcuna forma razionale compiuta. Nella musica il divino arriva a noi come conseguenza dell'espandersi fisico temporale del suono. Ma analizzare scientificamente un simile evento é paradossale. Perciò ci si deve accontentare di una oscura esperienza di tale realtà, abbandonandoci così al modo diretto con cui la coscienza percepisce la musica.

Sequeri sottolinea che per Balthasar nei confronti del pensiero romantico, oggi c'è di nuovo maggiore consapevolezza del rapporto fra il singolo artista e l'insieme delle condizioni che danno valore alla formazione dell'arte. Anche Balthasar è convinto che l'arte non è un fatto privato, come non lo è la verità. Non a caso avviene infatti che la musica sganciata da una vissuta esperienza del divino, diventi ambigua, scissa dal divino è capace solo di mimarlo, svuotandosi cosi anche dell'autentico umano. Questa scissione si manifesta chiaramente in Wagner, ed è assente invece in Mozart.In questo ogni figura della materia é trasfigurata e spiritualizzata in modo sincero e luminoso, mentre in Wagner é contaminata e decadente, tale "che nessun prestito di cristiano incenso può vincere, ma solo momentaneamente confondere"[43].

Sequeri chiaramente vede come l'interesse di Balthasar mira a ritrovare incarnati musicalmente proprio questi tre motivi: il carattere sociale della ricerca della verità, il profondo radicamento religioso della grande arte, la valenza teologica della forma estetica (che trova nella grazia il senso ultimo della creaturalità).

§ 2.5. Estetica

Questa parola non ha un chiaro e ben distinto significato. Tutti coloro che scrivono sull'estetica mettono un po' il loro proprio significato e proprio contenuto in questa parola. In questo paragrafo vorrei chiarire il termine *estetica*, come lo usa Sequeri.

L'estetico "nasce nel Settecento come domanda sul valore conoscitivo di un'esperienza che ha a che fare con la sensibilità piuttosto che con l'intelletto"[44]. L'estetica non ignora tutto ciò che viene dalla conoscenza intellettuale, ma non

[43] H.U. VON BALTHASAR, *Teodramatica*, I., Milano 1995, 380
[44] P. SEQUERI , *L'estro di Dio*, Milano 2000, 37.

può affermarlo se non contraddicendosi. L'estetica, nel suo significato più comprensivo, ha una storia antica e profondamente connessa con l'esperienza religiosa. Saggi di interesse teologico nei confronti dell'estetica li troveremo fino alla tarda epoca romantica. Questo stretto collegamento si vede oggi più approfondito di qualche tempo fa. I punti seguenti cercano di definire il termine *estetica* e mostrano come la sensibilità e la religiosità sono comprese in questa parola.

a. Estetica come teoria della percezione, in quanto forma sensibile di una conoscenza più che empirica
b. Estetica in quanto teoria del sentimento del fascino e del giudizio di gusto.
c. Estetica in quanto teoria del bello e della sua essenza ontologica e formale
d. Estetica in quanto teoria dell'arte come dominio della produzione di opere belle
e. Estetica come teoria dell'ornamentale, del decorativo.[45]

Non si tratta qui tanto di esplorare il rapporto fra l'arte e la religione, quanto di interpretare in termini ontologici l'esperienza religiosa della santità del divino e quella estetica del bello e del sublime. Ma non c'è dubbio che esiste uno stretto rapporto tra arte e religione.

Balthasar vede l'estetica e la teologia come due cose distinte ma strettamente collegate. Sequeri commenta, nel suo saggio del 1960, che l'uso proprio e l'uso metaforico della nozione dell'estetico hanno un rapporto complesso, irrisolto. Questo vuol dire che l'estetica presenta due aspetti, connessi e sempre presenti: l'aspetto trascendentale proprio e l'aspetto espressivo – metaforico. Questa connessione tra i due aspetti dell'estetico storicamente è stata interrotta. Ciò ha significato che la tradizione estetica ha perso la qualità del proprio oggetto, cioè il trascendentale. Questa rottura può essere anche teorica, dove la possibile separazione é legittimata dal fatto, che senza la rottura provocata dalla trascendenza, l'estetico stesso é impotente a mantenere la propria qualità e vitalità. Quindi l'estetica come tale deve avere aspetto trascendentale e metaforico, altrimenti perde il suo compito. Sequeri osserva come Balthasar ritenga necessaria un'estetica teologica, poiché essa assicura alla teologia

primo: - il primato della rivelazione di Dio;

secondo: - la forma esperienziale del suo ricevimento: "la contemplazione dell'incarnazione di Gesù ";[46]

terzo: - la conferma dell'esistenza di una unità originaria della coscienza.

---

[45] *Ibid.*, 81.

[46] P. SEQUERI , *Estetica e Teologia*, Milano 1993, 55-62.

Si legittima così una teoria cristiana della percezione, che favorisce la ripresa di quel profilo metafisico che l'estetica conosce nella dottrina scolastica dell'unità dei trascendentali. É proprio in seguito alla perdita di questa unità nel pensiero moderno che l'estetico rimase ridotto a semplice forma dello spirito, privato del suo rinvio alla differenza teologica. Tale processo si é esasperato nell'epoca del dominio assoluto della tecnica.

Sequeri nota in Balthasar, nel corso dei suoi due saggi sull' estetico, una progressiva concentrazione sull' elemento teologico.
Significativo é il cambiamento dei termini nell' affrontare il tema: non più religione e arte, ma rivelazione e bellezza. Tale spostamento mette in evidenza non più i soggetti umani "religioso e artista" ma la qualità modale della manifestazione, facendo risaltare la grossa differenza ontologica e fenomenologica dei due soggetti, nonché la loro inevitabile opposizione. Infatti il rapporto estetico - religioso, ricercato e intuito fin da giovane in Balthasar, appare poi nella maturità più difficile.

Di fronte a tale difficoltà Sequeri osserva che Balthasar trova nella forma musicale, così vicina allo spirituale come al sensibile, un'incredibile alleanza per potere almeno intuire il punto di contatto tra i due. Per Balthasar infatti nella musica ritroviamo "un monumento eterno al fatto che gli uomini seppero presagire che cosa é Dio: il quale eternamente semplice, vario e dinamico, pure fluisce in se stesso, e nel mondo , come *Logos*"[47].

Nel dare una valenza teologica all'estetico musicale, Balthasar si distacca da Kierkegaard molto più che dalla tradizione idealistica; ciò è evidentissimo nella sua visione della musica di Mozart.

Per Balthasar infatti tale musica evoca la grazia della creazione in modo inaccessibile a ogni altra forma di pensiero. Inoltre da questa musica trapela "inconsciamente" una forza che spinge alla sequela del Cristo come unico Signore. Secondo Sequeri é più corretto e veritiero nei riguardi di Balthasar non far assorbire tutta la sua lunga ricerca dall' indagine su una possibile estetica teologica. Egli riscontra infatti nel suo percorso intellettuale anche fratture e alternative come una teologia della cultura, una teologia della storia, una filosofia della libertà, un'antropologia fondamentale, che meritano di essere riviste oggi in una prospettiva più ampia e feconda. Questa apertura di interessi traspare anche nei suoi scritti dedicati alla musica. Per questo se vogliamo parlare della musica in Balthasar non possiamo concentrarci solo su di essa, ma dobbiamo toccare anche altri campi, quali l'estetica e l'arte come tale. Una dimensione dell'estetico, l'arte,

---

[47] P. SEQUERI, *Antiprometeo. Il musicale nell'estetica teologica di H.U.von Balthasar*, Milano 1995, 89.

é intensivamente coinvolta con la questione del mondo umano del sapere. Qui si trova la problematica già accennata, cioè il rapporto fra esperienza sensibile e conoscenza intellettuale. Ma qui si trova anche uno stretto legame tra la coscienza credente e la coscienza sensibile. L'arte é un insostituibile strumento della nostra comprensione della realtà. L'arte non é conoscenza come le scienze esatte (fisica, matematica...), ma tramite l'arte, e specialmente tramite la musica, l'uomo conosce in altro modo. In questo modo conosce la realtà che non è completamente visibile ma che risulta come la realtà in maggior parte nascosta.

Esistono tante teorie tradizionali, che analizzano il rapporto fra arte e morale, e le questioni relative alle qualità morali dell'estetica, il rapporto fra "esperienza morale" ed "esperienza estetica". Il bello è strettamente collegato con la Bibbia. La parola "bello" si trova 741 volte nell' Antico Testamento. Non è facile tenere presente due dimensioni nello stesso tempo: quella dell'evento trascendentale e quella d'una condizione stabile - immanente e legata alle strutture.

La lingua della spiritualità antica era indubbiamente abituata ad una certa diffidenza nei confronti dell'esaltazione artistica della bellezza. Ma essa rimaneva permeata da una tale consuetudine cristiana con i profondi legami della creazione e della grazia, che quella diffidenza poteva essere riscattata nella coltivazione della dimensione "estetica" della vita spirituale. "La ragione moderna e illuministica appariva incapace di ospitare la domanda, di riconoscere alla dimensione spirituale e affettiva della coscienza pieno diritto di cittadinanza nella cultura dell'uomo"[48]. Ma nel periodo di post modernismo la situazione è un po' cambiata.

Nella forma estetica dell'esperienza si scopre oggi il punto più alto della coscienza. La parola cristiana si é molto appoggiata ai codici linguistici romantici della "vera arte" e della "sacralità dell'arte". Proprio questo fatto è una grande speranza di oggi. La dimensione spirituale della cultura del nostro periodo non è problematica, come era durante l'Illuminismo e Modernismo. L'estetica, l'arte, e soprattutto la musica, presentano valori ai quali l'uomo di oggi é aperto molto di più che l'uomo di tempo fa. L'uomo moderno si mostra come un uomo soprattutto razionale e tecnico. L'uomo post-moderno sembra configurarsi come un individuo sentimentale e vago.

Se la parola "estetica" potesse evocare prima di tutto l'antica dottrina dell'aisthesis[49] che presiede ancora alla tradizione patristica e cristiana dei sensi

---

[48] P. SEQUERI , *L'estro di Dio* , Milano 2000, 65.

[49] Questa parola in greco significa percepire con sensi, vedere o udire. Ma la stessa parola si usa anche per percepire con l'intelligenza, anche per scorgere, intendere e comprendere. Cf. L. ROCCI, Vocabolario Greco – Italiano, Roma 1941, 44.

spirituali, si dovrebbe qui parlare del problema estetico come della questione essenziale per la restituzione del rito alla efficacia della energia simbolica di cui esso é depositario.

Il concetto di estetica deve ritornare a identificare la transizione dello spirituale e del sensibile in ogni stato della coscienza e in ogni tratto della esperienza. La dimensione estetica della coscienza si stabilisce dentro due fuochi essenziali:

1. L'estetico come grembo di sensibilità che dispone a priori verso la qualità non utilitaristica, materiale o intellettuale. Esteriorità sensibile mediante la risonanza di sentimento e la simbolicità dell'immaginazione che diventa interiorità.
2. Da un'altra parte, l'estetico si fa tema e oggetto a sé stesso. La coscienza ha bisogno di prendere speciale distanza dalle opere utilitaristiche. Questa distanza é contemplativa ma non passiva. La coscienza sull'estetico si concentra sulle opere della bellezza, le quali sono destinate a dare una forma spirituale sensibilmente apprezzabile[50].

Nell' ambito di questo paragrafo sarebbe bene chiarire qual è il rapporto tra sensi estetici e sensi spirituali.

C'è qualche collegamento tra la musica e la spiritualità, la formazione estetico - artistica e la formazione spirituale? Se si sviluppa la sensibilità per la bellezza, si sviluppa automaticamente la sensibilità spirituale? A queste domande ogni vero musicista e ogni persona che pratichi la vita spirituale rispondono positivamente. Ma la risposta mai sarà scientificamente esatta. Sarà piuttosto intuitiva, avrà il presentimento del mistero.

È relativamente facile distinguere tra sensi spirituali e sensi materiali. Sensi materiali sono quelli che informano sulla realtà materiale che è vicino a noi, e sensi spirituali invece quelli che aiutano ad avere esperienze della realtà spirituale, realtà che i nostri recettori non possono percepire. Ma tra sensi estetici e sensi spirituali non esiste così chiara distinzione. Gli uni non possono essere alternativi agli altri, ma l'affinamento spirituale può essere collegato anche con l'affinamento musicale (indubbiamente esiste molta somiglianza tra di loro: per esempio, l'arte e la spiritualità sono spesso nascoste sotto la realtà visibile. Per scoprire questi valori ci vuole la formazione. Ma questo non significa che non esista un legame tra i valori nascosti e la forma visibile). Secondo Sequeri, il cristianesimo odierno sta cercando un'esperienza vissuta e più diretta del mistero. Ma questo non si

---

[50] P. SEQUERI, *Antiprometeo. Il musicale nell'estetica teologica di H.U.von Balthasar*, Milano 1995, 80.
[50] P. SEQUERI, *L'estro di Dio*, Milano 2000, 102.
[50] *Ibid.* 28.

raggiunge lasciando soltanto le cose materiali. "Per vivere la vita dello spirito non basta prendere distanza dal corpo"[51]. Ma il cristianesimo può trovare questo avvicinamento tramite la musica, l'arte e l'estetica. Un buon esempio di questo avvicinamento tramite la sensibilità musicale è, secondo Sequeri, proprio Hans Urs von Balthasar.

La maturità spirituale - teologica e una riflessione contemplativo - speculativa hanno ritrovato nella teologia di Balthasar una efficace sintesi. Certamente questo evento é dovuto alla educazione e alla sensibilità musicale di Balthasar. La musica presenta in lui alcune contraddizioni: da una parte è "la lingua assolutamente universale", dall' altra è "linguaggio per pochi eletti"[52].

Balthasar già da giovane teologo, che suonava molto bene il pianoforte, aveva individuato la singolarità di una forma dell'estetico, cioè come essere "nel" mondo, ma non essere completamente "del" mondo. Si può dire che esiste "un *typos* teologico in una determinata forma *personale* dell' esperienza musicale"[53]. Si tratta del possibile collegamento tra il teologo e il musicista, significativo legame tra l'estetico e il teologico. Questo collegamento non sarebbe possibile se non esistesse collegamento tra sensi spirituali e sensi estetici.

§ 2.6. Musica come parola di ascolto

Ascoltare, secondo Sequeri, significa più che udire: è come essere intuitivi, essere aperti, recepire con cura. D'altra parte ascoltare significa anche assimilare interiormente, dare retta e seguire, obbedire e mettere in pratica. L'ascolto dell'uomo presuppone segnali determinati da un risonare qualitativo. Rumori, suoni, parole sono oggetti di ascolto nel momento in cui indicano una modalità della presenza o assenza di qualcosa o di qualcuno. Ascoltare è qui, in prima istanza, farsi attenti alla decifrazione di un accadere che anticipa e prolunga in qualche modo il senso di una prossimità o di una distanza che sta accadendo.

Io ascolto il suono dell'altro che è fuori di me e ascolto la risonanza dell'altro che è dentro di me. Sentire l'altro significa simultaneamente percezione udibile e impressione emozionata. L'ascolto in effetti raggiunge qualche intenzionalità dell'altro. Questo significa entrare in comunicazione tramite una certa qual risonanza. In questo senso l'ascolto non registra semplicemente il vibrare dell'altro, ma ha un qualche senso del suo rivolgersi verso di me.

---

[51] *Ibid.* 8.

[52] Cf. P. SEQUERI, *Estetica e Teologia*, Milano 1993, 55-62.

[53] P. SEQUERI, *Antiprometeo. Il musicale nell'estetica teologica di H.U.von Balthasar*, Milano 1995, 63.

L'altro si rivolge verso di me in molti modi. Tutti questi modi possono essere ridotti a tre categorie: la parola, il gesto, la rappresentazione. Il continuum della parola parlata, che accompagna l'esperienza della coscienza, è il frutto dell'esperienza dell'ascoltare. Un tale continuum è segnato dalla peculiarità dell'ascolto che conserva e custodisce le tracce dell'intenzionalità e del senso anche della modulazione dei toni, nei diversi ritmi e nella armonia degli eventi, nella articolazione polifonica delle voci[54].

La musica, nella quale si raccoglie e si concentra il distillato sonoro dell'esperienza della risonanza, è stata per molti secoli, e non a caso, scienza dell'anima più che arte dei suoni. Musica pura come simbolo del mondo dell'intenzionalità e del senso, e come simbolo della parola denotativa, del gesto funzionale, della rappresentazione visiva (come canto, danza, teatro musicale).

"L'ascolto è in questa prospettiva principio ineludibile di discernimento intersoggettivo: dove appunto accade che l'universo della parola (ma anche del gesto e della rappresentazione che sono connessi) possa essere apprezzato nella sua qualità personale"[55].

Nella sua forma, l'ascoltare è sempre prendersi cura dell'udito da altri e di altri, prendersi cura del risuonare di sé e in se stessi. Ogni evento musicale è aperto a dinamiche stranianti per l'incremento dell'attitudine all'ascolto, tanto sul piano dell'orientamento religioso come dal di vista del rapporto sociale.

Tra la musica e la parola possiamo trovare parecchi punti comuni.

Gli eventi simbolici, secondo Sequeri, sottolineano molti modi del magico legame tra la forma sonora e il principio divino. Negli antichi miti cosmogonici della tradizione orientale il suono originario è grido del dio e vibrazione cosmica. La musica del mondo e dell'uomo agisce sullo sfondo di un rapporto misterioso dei suoni con l'origine sacra. Di questa qualità simbolica del sonoro, che penetra nel profondo dell'anima, la cultura artistica della musica vocale e strumentale conserverà tracce incancellabili[56].

Vi è una lunga tradizione degli effetti della musica sul mondo e sull'uomo: musica come magia e come terapia, come pedagogia e come seduzione, come energia, come estetica e come impulso all'azione. La musica fa appello alla forza oscura e contraddittoria del sacro che ad un tempo crea e distrugge.

L'età dei Greci e la nascita della filosofia ci consegnano la musica prima di tutto come scienza dell'anima. Dal "dio" impariamo che la musica è soprattutto

---

[54] Cf. P. SEQUERI , *L'estro di Dio*, Milano 2000, 221.
[55] *Ibid.*, 223.
[56] Cf. *Ibid.*, 227-129.

proporzione e armonia, misura e conoscenza. Mediante la musica é anche possibile decifrare l'armonia del mondo, ascoltando la traccia sonora di invisibili proporzioni dei corpi e seguire quello che suscita nella mente. La musica apre la sintesi creativa della conoscenza e della volontà destinata alla comunicazione: dell'uomo con se stesso, dell'uomo con gli altri uomini, dell'uomo col mondo.

"L'intonazione sensibile della parola diventò melodia, e l'unisono corale contemporaneità polifonica di voci diverse. La lingua musicale del sacro, per più di un millennio, non diede soltanto una nuova regola al rito, diede voce e pensiero alle emozioni. Le ragioni del cuore e le passioni della mente impararono a dirsi, con una libertà e una ricchezza prima inascoltate, nell'unico modo possibile: la musica"[57]. Corpo ausiliario dell'anima e proiezione simbolica dell' io, lo strumento musicale fu coinvolto nell'avventura che, attraverso il canto sacro, aveva scoperto la possibilità di far udire ai sensi la parola e il pensiero dell'interiorità e del cuore.

L'ambivalenza del musicale e del sacro va in qualche modo riconosciuta e custodita. Il punto del massimo avvicinamento della natura e del divino è il punto del più difficile equilibrio (Icaro e Prometeo, Orfeo e Dioniso, Parsifal e Sigfrido, Mosè e Aronne)[58]. La musica, "nella sua globale dimensione sapienziale ha immemorabile rapporto con l'origine e il sentimento sacro di tutte le cose"[59].

Abbiamo troppa fiducia nelle parole. Se ci si avvicina troppo, pronunciano qualcosa che non devono, e la conseguenza è che la coscienza sente qualcosa che non dovrebbe sentire. La musica invece non ha bisogno di parole per spiegare la verità cristiana e per metterla in evidenza. Evidenza non in senso vago e oscuro, ma chiaro e distinto. I sensi sono anche intelligenti, "lo spirito è anche sensibile, non soltanto incorporeo"[60].

§ 2.7. Commentario riassuntivo

Secondo me **Pier Angelo Sequeri,** che ho scelto per il mio tema come secondo teologo, è un maestro di intuizione, di collegamenti e ricchezza di argomentazioni critiche. È capace di intuire i possibili passi del pensiero di Balthasar, sul quale scrive appoggiando il proprio pensiero teologico sulla musica, l'arte, l'estetica e la religione. Con facilità trova punti comuni tra la teologia e l'arte, sa mostrare e nominare i collegamenti che la coscienza credente e ogni vero

[57] *Ibid.*, 231.
[58] *Ibid.*, 231.
[59] *Ibid.*, 233.
[60] P. SEQUERI, *Antiprometeo. Il musicale nell'estetica teologica di H.U.von Balthasa*, Milano 1995, 107.

artista intuiscono. Usa un linguaggio teologico che non è facile da capire, ma è molto profondo. Per il mio tema mi sembra molto utile la sua presentazione della figura di Prometeo - Antiprometeo. Proprio quello che lui sta dicendo sul compito dell'artista si può applicare anche per il teologo. La sua ricerca di altri punti comuni tra religione e arte mi sembra illuminante e anche il suo paragone tra ispirazione e grazia (parallelo a quello tra l'artista e l'uomo religioso) è molto originale.

Sequeri non è musicista che pratichi, come era Balthasar, ma è compositore abbastanza apprezzato. Quindi conosce la musica e per questo i suoi saggi sull'arte, l'estetica e la musica sono così competenti. Non analizza l'arte musicale secondo i suoi elementi, come fa Balthasar, ma è capace di trovare e illuminare collegamenti tra altre realtà, ciò che gli altri quattro teologi che ho scelto per il mio tema non avevano fatto. L'argomento che presenta nel paragrafo *Rivelazione e bellezza* dell'essere presi, toccati, e portati fuori di sé mi sembra molto attuale e moderno, e corrisponde al sentire dell'uomo di oggi.

Secondo me, l'unico punto critico è la sua negativa opinione sull'opera di Wagner (l'idea che la musica di Wagner abbia carattere decadente mi sembra eccessiva). Penso che tanti musicisti non sarebbero d'accordo con l'opinione di Sequeri perché proprio Wagner ha fatto fare alle storia della musica e alle forma musicale grandi passi avanti. Detto altrimenti, penso che questo teologo mi abbia aiutato ad approfondire i miei argomenti e in modo logico entro le linee che mi sono prefissato.

Capitolo Terzo
Bruno Forte

Bruno Forte è un arcivescovo cattolico e teologo italiano. Fino ad oggi ha pubblicato molte opere tra cui *Simbolica Ecclesiale* che è la più importante. Altri libri da lui pubblicati negli ultimi anni sono: *In ascolto dell'Altro, Filosofia e rivelazione, Fare teologia dopo Kierkègaard, Cristologie del Novecento, Tra filosofia e teologia, Teologia in dialogo, Sui sentieri dell'Uomo, Dove va il Cristianesimo?*

In pochi capitoli delle sue opere Bruno Forte si occupa specialmente della musica, ma i concetti teologici con i quali tratta temi legati al simbolismo o alla bellezza sono molto profondi e aiutano a capire come la fede ha la sua parte estetica e come la musica può esprimere qualche aspetto divino. Nella sua opera *La porta della Bellezza* offre uno sguardo storico – teologico sul tema della Bellezza, dove presenta cronologicamente il pensiero di Agostino, di Tommaso d'Aquino, di Kierkegaard, Dostoevskij, Balthasar, Evdokimov e Luisi. Ma presenta anche il suo personale pensiero su questo argomento, che aiuta ad approfondire il mio tema. Il suo pensiero sulla Bellezza è basato sugli autori sopra nominati ma offre uno sguardo originale e moderno.

"Bello è l'offrirsi del Tutto nel frammento, l'evento di una donazione che supera l'infinita distanza"[61].

Questa definizione della bellezza porta con sé tante altre domande. Come può l'illimitato e l'infinito entrare in ciò che è limitato? Può l'infinito perdere qualche cosa del suo essere infinito e così entrare in un mondo limitato e finito? Bruno Forte risponde, rifacendosi al pensiero occidentale, in due modi:

Il primo modo spiega che tutto questo è possibile mediante la proporzione della forma che riproduca l'armonia del Tutto, perché tutto può dimorare nel frammento in quanto questo frammento si offre come determinazione spazio - temporale dell'infinito. Qui esiste una certa riproduzione analoga dell'organica corrispondenza dei rapporti.

Il secondo modo, anch'esso è frutto di pensatori occidentali, è che il Tutto si affaccia come movimento che sorge dall'intimo e apre una finestra verso l'illimitato, come eternità nel tempo, come infinito nel finito. Qui si tratta di un frammento attraverso il quale lo splendore del Tutto irradia nel frammento per via di rapimento.

[61] Bruno Forte, *La porta della Bellezza. Per un'estetica teologica*, Brescia 1999, 7.

Il cristianesimo continua in questa scia, confessando che l'evento della bellezza si è compiuto una volta per sempre sulla Croce di Gesù, dove si mostra la Bellezza. Il mistero della *kenosi* presenta la Bellezza più grande: il Figlio si è fatto infinitamente piccolo. Il Dio Crocifisso è la forma e lo splendore dell'eternità nel tempo. Questo abbassamento del Verbo nella carne è la Bellezza che salva. Anche la vera arte ha con sé qualche cosa del Bello che si offre come il Tutto nel frammento; il Tutto vi si affaccia come movimento che sorge dall'intimo e apre una finestra verso l'illimitato. La pittura, la poesia, la prosa e anche la musica hanno i loro propri mezzi per raggiungere questo esibire l'infinito.

Bruno Forte sottolinea i limiti che ogni arte ha per esprimere il Mistero di Dio. Usa come paragone il linguaggio e la musica. Si pone queste domande: può la musica essere linguaggio che esprima il sacro? Può essere mediazione di trascendenza verso il Mistero divino? Esistono tre modelli semantici come risposta.

1. modello oggettivistico o cosmologico
2. modello soggettivistico o antropologico
3. modello semiologico

§ 3.1. Il modello "oggettivistico" o "cosmologico"

Questa concezione è presentata nell'opera di Agostino *De musica.* Secondo Agostino la musica è l'espressione più alta nell'ordine dei rapporti numerici che reggono l'universo. Questa teoria è appoggiata sulle teorie del mondo classico, soprattutto dei Pitagorici. Tutto ciò che esiste ha forme perché ha numeri. L'eredità greca veniva utilizzata dalla visione cristiana. I numeri ideali presentano il pensiero di Dio, come gli "enti in quanto pensati nell'atto creatore che si compie nel Figlio e per il Figlio"[62]. Il rapporto tra i numeri non è più un ordine intrinseco, una misura matematica e risiede nella ragione divina e così ha la sua collocazione nel tutto.

Quindi la concezione agostiniana è che la musica da una parte si può caratterizzare come cifra dell'ordine cosmico voluto dal Creatore, che voleva dare un *modus*, una misura precisa a ogni cosa. In altra parte "la musica eleva, perché introduce nella percezione del *Logos* divino del mondo, ed è in grado di esprimere con l'eco dell'ordine cosmico un ordine delle anime unite davanti a Dio e in

[62] *Ibid.*, 88.

Dio"[63]. Così la musica aiuta ad elevarsi da tutto ciò è materiale, per fare esperienza profonda della bellezza e della gioia.
Possiamo osservare una analogia fra la musica e lo Spirito. Ciò che la musica realizza fondendo i suoni secondo un ordine, un ordine eterno pensato dal Dio Creatore è ciò che lo Spirito compie nell'uni - trinità divina: "come la musica non è un qualcosa di aggiunto alla modulazione, ma è lo stesso modulare bene, così lo Spirito non è estrinseco alla vita divina relazionale, ma è la stessa relazione dell'amore donato e ricevuto dai Due"[64].

L'unità realizzata dallo Spirito non annulla l'ordine interiore della vita trinitaria; non annulla la distinzione e neppure la distinzione distrugge l'unità; analogamente la musica non elimina l'ordine del susseguirsi delle note, ma si realizza nell'ordine e fa dei diversi elementi un'unica melodia.

§ 3.2. Il modello "soggettivistico" o "antropologico"

Questo modello o concetto mostra nella musica l'espressione del soggetto e della sua identità più profonda. Inoltre prende in considerazione i sentimenti e gli affetti che il musicista tramite i suoni rende oggettivamente percepibili. La musica è capace di esprimere nella forma più propria la vita interiore dello spirito. L'orecchio percepisce il risultato dell'interna vibrazione del corpo, del quale non solo appaiono le qualità formali e materiali ma anche le qualità della sfera dell'anima. La musica esprime nella forma più appropriata la vita interiore dello spirito, le relazioni interne che presentano il mondo degli affetti e dei sentimenti. "L'interiorità come tale è la forma in cui la musica può cogliere il suo contenuto ed è così in grado di assumere in sé tutto quello che in generale può entrare nell'interno e per eccellenza rivestirsi della forma del sentimento"[65].

Bruno Forte spiega come Arthur Schopenhauer veda l'aspetto dialettico della musica: Secondo Schopenhauer esiste l'esteriorità della rappresentazione e l'interiorità della volontà. La musica ha una potenzialità di riproduzione della stessa volontà, una sua oggettivazione allo stesso titolo che le idee. Per questo può essere più potente, più penetrante delle altre arti. Come le parole sono la lingua della ragione, così la musica è la lingua del sentimento. Schopenhauer usa l'espressione, *incarnazione della musica* con la quale vuole sottolineare la forza e in certo senso l'onnipotenza della musica. Il filosofo G.W. Hegel nella sua opera

[63] *Ibid.*, 88.
[64] *Ibid.*, 92.
[65] *Ibid.*, 95.

"Lezioni sulla filosofia della religione" considera ampiamente il regno dello Spirito e l'idea della Trinità. Secondo lui ciò che lo Spirito ha compiuto in Cristo, lo compie anche nei cristiani. Così il separato è unificato. Il Figlio resuscitato è riconciliato con il Padre, grazie allo Spirito ogni singolo individuo può ritornare all'originaria unità con Dio, ogni soggettività può identificarsi con l'universalità dell'idea, ogni persona può rivivere l'infinita separazione, superata e compiuta nella riconciliazione infinita. La comunità è il frutto dell'identificazione di ciascuno con il tutto, dell'assorbimento dell'individuale nell'universale.

"Come la chiesa può esprimere al massimo l'interiorità armonica della vita del soggetto, che è lo spirito individuale, perché unifica nell'armonia i diversi elementi che la compongono, così nel processo eterno, che è la vita dello Spirito assoluto, si danno momenti diversi assunti nell'unità dinamica di una sintesi superiore"[66]. Come lo Spirito opera nella Chiesa, e unisce i distinti, così l'armonia tonale unisce le note della melodia dominante. Secondo Hegel e Schopenhauer l'armonia tonale diventa luogo privilegiato dove possono esprimersi i sentimenti delle singole soggettività, e si realizza anche un superamento dello spirito soggettivo nella unità superiore dello Spirito assoluto. Quindi la musica spirituale ha un duplice effetto:

- esprimere il movimento di trascendenza degli spiriti umani verso il divino;
- accogliere gli spiriti umani nell'unità dello Spirito eterno.

§ 3.3. Il modello semiologico

Con questo modello Bruno Forte vuole sottolineare il fatto che la musica come *il segno* è in crisi. Il modello *semiologico* presenta il messaggio musicale nella realtà materiale, situandolo in rapporto alle strategie di produzione e di assimilazione da parte degli ascoltatori. Essa nasce dal continuo rinvio simbolico di tutte le forme di espressione umana dall'oggetto materiale, le quali nella loro organizzazione immanente hanno carattere *poetico*. La musica contemporanea si trova sotto il segno della *crisi* che caratterizza certa frammentazione del sistema ideologico. Partendo dalla musica di Schoenberg, essa non ha mai smesso di cercare soluzioni alla crisi della tonalità. Ma questa crisi della tonalità non è la sola rimasta. Si tratta della crisi della idea musicale, della crisi di tutta l'arte.

Secondo Bruno Forte è venuto il momento di ricercare e di ricostituire un nuovo equilibrio fra *poetica* ed *estetica*. Si desidera il recupero della musica

[66] *Ibid.*, 99.

moderna nella dimensione linguistica, e che tale dimensione possa essere condivisa dal momento *poetico* fino a quello propriamente recettivo. Ma in essa è assente il bisogno dell'orientamento verso Dio[67].

Cercare un nuovo equilibrio fra poetica ed estetica significa cercare come mettere sullo stesso livello questi due aspetti. Quindi il recupero della musica moderna dipende dal recupero del momento estetico, non molto dal momento poetico. Questo secondo momento presenta una forma musicale abbastanza sviluppata durante gli ultimi tre secoli. Bruno Forte dice con altre parole quello che Balthasar osserva nel suo paragrafo *Sviluppo della idea musicale,* cioè che l'idea musicale ha una certa indipendenza dalla forma musicale e la sua vera qualità dipende dalla capacità teologica.

Nell' epoca moderna emergono critiche verso la teoria *formalistica.* Questa teoria rifiuta ogni *contenutismo*, negando l'espressione dei sentimenti e anche il contenuto della musica. Ritiene che il bello musicale esista solo nei suoni e nel loro collegarsi. In maniera esemplare questa teoria è stata valorizzata da Eduard Hanslick.

La maggioranza degli autori che si occupano della *bellezza musicale* (o generalmente della *bellezza artistica*) pensano che il bello come tale non è lo scopo definitivo e finale della musica. Bello è solo *pura forma.* Secondo loro la musica può essere mediatrice di trascendenza. Essi vedono il linguaggio musicale come possibile linguaggio del sacro. La musica si definisce come sacra in quanto intenzionalmente è prodotta ed eseguita per essere aperta e orientata all'alterità divina. Essa sarà tale solo quando il produttore la concepisce come un linguaggio capace di mediare un possibile *accesso* alla trascendenza. La musica deve saper cercare vie espressive che comunichino il messaggio di apertura, novità e libertà che è proprio dell'azione dello Spirito in Dio e nella storia. Una simile forma musicale potrebbe portare nell'ambito dell'esperienza del sacro il volto trasgressivo e liberante del mistero divino, stabilendo un'analogia di linguaggio con l'agire imprevedibile e indeducibile dello Spirito. La musica "non trasmette l'idea classica della bellezza come presenza del Tutto nel frammento per via di armonia o di ordinati rapporti numerici, ma potrebbe veicolare quell'idea non meno pregnante di bellezza, per la quale il Tutto irrompe nel frammento e questo si apre all'abisso dell'indicibile Totalità per via di interruzione, sorpresa, silenzio, non meno che di armonia, misura e rapporto, senza pregiudizialmente escludere questi ultimi"[68].

---

[67] Cf. B. FORTE, *Dove va il Cristianesimo?* Brescia 2000, 75-83.

[68] B. FORTE, *La porta della Bellezza. Per un'estetica teologica*, Brescia 1999, 107.

La musica è forma artistica, che è capace di avvicinare di più allo spirito, come la pittura e la poesia. Il suono scappa, fugge e sparisce, lasciando solo l'impressione e l'eco, che è quasi inspiegabile verbalmente. Così ogni arte, ma specialmente la musica, condivide un destino tragico: dover rimanere nostalgia, e dunque, qualcosa di provvisorio. Questo proprio perché è la più vicina allo spirito, senza poterlo mai afferrare del tutto. Nella musica si sperimenta più che in ogni altra arte il linguaggio del Trascendente. La musica suscita più sentimenti della pittura e della poesia. Per questo ha la capacità di esprimere maggiormente i sentimenti di malinconia, di giubilo, di nostalgia, di pace; tuttavia rimane sempre una lingua incompiuta, che non si esprime con le parole, e lascia grande spazio al mistero indicibile.

§ 3.4. Mortale bellezza

Bruno Forte termina il suo libro *La porta della Bellezza* dedicato alla estetica con un capitolo che nessuno si aspetterebbe, dal titolo *Mortale bellezza.* Sembra strano ma questa definizione è reale. La bellezza porta con sé qualche cosa di tragico. Tutto ciò che si presenta come bellezza affascinante è fragile e frammentario. Tutto ciò che si offre nel frammento ne rivela anche la finitezza. Il bello è accompagnato dalla sua fragilità[69]. La bellezza e la morte sovrastano *l'Esserci.* Ambedue trascendono la persona umana. Come la morte cosi il bello sono minacciosi nella loro immanenza. Come la morte, così la bellezza è una minaccia nella sua immanenza, e una realtà fuggevole. Per questo l'esperienza della bellezza è segnata dalla malinconia. La fragilità della bellezza è bene espressa dalla seguente poesia:

Noi non sappiamo quale sortiremo
domani, oscuro o lieto;
forse il nostro cammino
a non tocche radure ci addurrà
dove mormori eterna l'acqua di giovinezza;
sarà forse un discendere
fino al vallo estremo,
nel buio, perso il ricordo del mattino.
Ancora terre straniere
forse ci accoglieranno: smarriremo
la memoria del sole, dalla mente

[69] Cf. B.FORTE, *Teologia in dialogo,* Milano 1999, 59-63.

ci cadrà il tintinnare delle rime.
Oh la favola onde s'esprime
la nostra vita, repente
si cangerà nella cupa storia che non si racconta![70]

Da quello che è espresso dalla poesia noi comprendiamo perché la bellezza turba e viene spesso esorcizzata: c'è una tendenza molto forte a fuggire dalla bellezza come si fugge dal pensiero della morte. È questa esperienza, oltre che individuale e collettiva, è perfino epocale.

Bruno Forte alla fine si domanda quali sono i segni della vera bellezza. Si tratta della fatica di ritrovare la bellezza al di là del naufragio, di "riconoscere un orizzonte ultimo su cui misurare il cammino di tutto ciò che è penultimo"[71]. Si comprende allora perché la bellezza turbi e ne venga facilmente allontanato il pensiero. Tale atteggiamento lo possiamo riscontrare sia a livello individuale sia a livello collettivo, e anche a livello epocale.

Potremmo dire che nell'età moderna la ragione divenuta adulta ed emancipata, aveva con ottimismo confinato la morte nella condizione di puro momento di passaggio. L'ottimismo della ragione nel suo indubitabile e sicuro trionfo minimizzava la realtà e il vissuto esistenziale della morte. Per la mentalità illuministica la coscienza umana era giunta al giorno luminoso del pieno possesso di sé, ritenendo la morte una sorta di "fiore nero" quasi una presenza scomoda che non dovrebbe esistere.[72] "Il mito moderno del progresso, caro alle *grandi narrazioni* ideologiche, tende a fare della morte una tappa marginale nella storia dell'individuo totalmente assimilato alla causa, sacrificato al trionfo dell'idea: la morte è ignorata, evasa, nascosta, fatuo "fiore nero" sui prati dell'Assoluto"[73].

Questa scomparsa dell'idea della morte si accompagna anche alla scomparsa della bellezza, in quanto il bello viene ridotto a spettacolo, a bene di consumo e a pura esibizione. Di esso viene esorcizzata la sfida dolorosa e drammatica e gli uomini sono aiutati a non pensare più e a risparmiarsi la fatica e la passione del vero. Il bello quindi viene vissuto in una consumazione immediata e fruito in modo calcolato e interessato, preparando cosi il trionfo della maschera, a scapito della verità. Emerge così il pensiero nichilista che porta con sé la rinuncia ad amare e la fuga dal dolore infinito per l'evidenza del nulla. Si fabbricano così delle

[70] B. FORTE, *La porta della Bellezza. Per un'estetica teologica*, Brescia 1999, 134. Preso da E. MONTALE, *Tutte le poesie,* Milano 1984, 58.
[71] B. FORTE, *La porta della Bellezza. Per un'estetica teologica*, Brescia 1999, 136.
[72] Cf. B. FORTE, *Teologia in dialogo,* Milano 1999, 74.
[73] B. FORTE, *La porta della Bellezza. Per un'estetica teologica*, Brescia 1999, 135.

maschere tranquillizzanti dietro cui nascondere la tragicità del vuoto. Nella cultura contemporanea, basata sul trionfo cieco della bellezza, la maschera della propaganda impedisce la percezione della verità e della bellezza ultime.

Secondo Bruno Forte "L' *eclissi della morte* si rivela inseparabile dalla *morte della bellezza*: La fragilità del frammento non sembra reggere al peso del Tutto che vi irrompe"[74]. Al di là delle varie forme di pensiero che evadono la morte e la bellezza, emerge l'urgenza di ritornare a riflettere sulla misteriosa trascendenza della bellezza che si affaccia nella fragilità dell'esistere. Si comprende cosi che il Tutto nel frammento non é solamente specchio della sua fragilità, ma anche l'orizzonte che ne dichiara o dimostra la dignità. La morte e la bellezza sono nello stesso tempo guardie dell'avvenire assoluto, che racchiudono l'intero mistero della condizione umana[75]. Con lo sguardo della fede infatti viene svelata la morte del Figlio di Dio nella tenebra del Venerdì Santo e il suo risorgere alla vita. È in questo frammento che si è compiuto una volta per sempre l'ingresso del Tutto. Infatti il mistero Pasquale di Gesù Cristo morto e risorto rivela le *trasgressioni* della Bellezza.

"La morte del Figlio dell'uomo si presenta come evento del supremo abbandono e della comunione suprema della Bellezza discesa nella carne. Il supremo abbandono della Bellezza crocifissa rivela nella maniera più cruda l'esperienza di infinita caducità dell'esistere: *Dio mio, Dio mio, perché mi hai abbandonato?*" (Mc 14,34) [76].

Nel crocifisso abbandonato viene mostrata la Bellezza abbandonata, quale profonda tragedia. Tuttavia lo stesso crocifisso ci manifesta il volto nascosto dell'Altro. "Padre, nelle tue mani affido il mio spirito" (Lc 23,46).
Gesù abbandonato si abbandona a sua volta in obbedienza d'amore alla volontà del Padre. La Bellezza è soglia, varco verso il mistero, resa possibile dal fatto che il Figlio di Dio venendo nella carne ha fatto sua la morte e la bellezza stessa, aprendo l'impossibile alla possibilità della vita, vittoria della bellezza ultima su tutto ciò che passa. "La Bellezza crocifissa rinvia alla bellezza finalmente vittoriosa. Alla fine essa sarà tutta in tutti e il mondo intero sarà la Sua patria; e il Suo Silenzio, eloquente più di ogni parola, abbraccerà ogni cosa:[77] "L'amore non avrà mai fine" (1Cor 13,8)

---

[74] *Ibid.*, 136.
[75] Cf. B. FORTE, *Confessio theologi. Ai filosofi*, Napoli 1995, 14 - 16.
[76] B. FORTE, *La porta della Bellezza. Per un'estetica teologica*, Brescia 1999, 137.
[77] *Ibid.*, 140.

§ 3.5. Commentario riassuntivo

Bruno Forte è il terzo teologo che ho scelto il per mio lavoro. Non è musicista pratico e neanche compositore come lo sono i due teologi precedenti. Nella sua ricerca teologica non si concentra molto sul tema musica, arte, bellezza. Ma quel poco che ha scritto su di essa mi sembra molto utile per approfondire il mio tema *percezione teologica dell'arte musicale*. Secondo me, Bruno Forte nel capitolo qui presentato fa una specie di psicoanalisi della percezione musicale o generalmente artistica. Ma non lo fa come uno psicologo bensì come un teologo. Osserva come la musica che ascoltiamo abbia un certo aspetto, sia oggettivo che soggettivo; come spesso sia segno sconosciuto e come sia limitato nel tempo. Questi quattro aspetti della percezione musicale corrispondono anche con aspetti teologici, quindi sono punti comuni tra la musica e la teologia. Secondo Bruno Forte la percezione teologica dell'arte musicale aiuta ad elevarsi da tutto ciò che è materiale per fare esperienza profonda della bellezza e della gioia. Si vede chiaramente che questo tipo di percezione musicale è molto vicina alla percezione contemplativa nella preghiera, che sarà approfondita dai due teologi seguenti.

Mi sembra molto originale e veritiero il modo in cui questo teologo apprezza la capacità di ascolto musicale. Secondo lui l'orecchio percepisce il risultato dell'intera vibrazione, le qualità della sfera dell'anima. La musica esprime nella forma più appropriata la vita dello spirito del compositore e dell'interprete musicale. Quindi musica come mezzo che aiuta a vedere cuore dell'uomo, come *cardiognosia* nella spiritualità cristiana (altro punto comune).

Bruno Forte con la sua capacità psicoanalitica arriva a rispondere sul compito dell'arte musicale. Dice che il bello della musica non è lo scopo definitivo. Bello è solo pura forma. Linguaggio musicale è possibile linguaggio del sacro. Questo compito comune tra la teologia e l'arte musicale è accompagnato con un altro punto comune, cioè la fragilità, la frammentarietà del linguaggio teologico e musicale.

Capitolo Quarto
Vladimir Solov'ev

La teologia dell'oriente cristiano non è cosi strettamente collegata con il pensiero filosofico come la teologia occidentale. Ma questo non significa che il pensiero teologico orientale sia povero. Anzi, ricchezza simbolica, sensibilità per i segni, senso del mistero, sono il grande tesoro che può aiutare a intravvedere le strade del trascendente, dove il razionalismo occidentale arriva con più difficoltà. Il linguaggio simbolico è il mezzo che può aiutare ad avvicinarsi all'inspiegabile mistero più che gli schemi razionalistici. Nell'oriente cristiano la fede, molto spesso basata sulla esperienza religiosa, non è lontana dall'esperienza estetica. Questa vicinanza appare più profonda nell' oriente cristiano. Per questo ho scelto per il mio tema anche teologi orientali. Tra di loro nessuno si occupa specificamente di musica, ma tanti scrivono sull' estetica, l'arte e la bellezza. Non è difficile trovare tra di loro punti comuni, perciò continuerò il mio tema usando termini un po' generali. Mi concentro su due autori: Vladimir Solov'ev e Paul Evdokimov.

Solov'ev, filosofo, poeta, teologo russo, è autore nel quale la razionalità occidentale e la contemplazione orientale cominciano a riunirsi. La sua bontà è diventata proverbiale, ma nello stesso tempo era proverbiale anche la sua sapienza enciclopedica. In un certo senso ha anticipato l'ecumenismo. Il suo pensiero vorrebbe precisare la relazione fra Dio e il cosmo, e nello stesso tempo la relazione fra Dio e la Storia. Con Solov'ev continua il processo nel quale la razionalità occidentale trova la sua segreta origine nella tradizione *esicasta*[78], che porta all'unificazione dell'intelligenza e del *cuore*[79], dove il cuore si concepisce come centro in cui l'uomo allo stesso tempo si raccoglie e si supera.

La bellezza per Solov'ev è illuminazione, ed è la stessa cosa dell'incarnazione. La bellezza viene dal Regno. Per lui non esiste bellezza come concezione solamente "estetica". Non può essere riflessione puramente psicologica, imprigionata in una immanenza senza mistero. La materia per Solov'ev può essere mezzo attraverso il quale è giunta la salvezza, come riempita di energia divina e di grazia.

---

[78] Etimologicamente non si sa da dove viene questa parola. Significa avere la pazienza interiore che è il frutto della preghiera. L'esicasmo usa specialmente la cosiddetta *preghiera di Gesù.* " *Gesù* Cristo Figlio di Dio, abbi pietà di me peccatore". Questa preghiera si ripete tante volte. Era preghiera diffusa specialmente nell'oriente cristiano, soprattutto tra i monaci.

[79] Cf. V. Solov'ev, *Il significato dell'amore e altri scritti,* Milano 1983, 5-7.

Il pensiero di Valdimír Solov'ev sulla bellezza, l'arte e la musica sembra molto moderno, perché cerca di comunicare con un mondo molto secolarizzato, dove la maggioranza delle persone non ha la minima sensibilità per il mistero, se non attraverso la bellezza. Secondo Solov'ev, il bello ha una capacità di riunire le persone più diverse. Questo processo di riunione non è violenza, ma processo libero e voluto. "La unità fondamentale ed originaria esiste prima di ogni distinzione, esiste come fondamento della possibilità della distinzione stessa"[80].

§ 4.1. Unità spirituale

Le opere estetiche scritte da lui negli anni 1889-1894 sono: *La bellezza nella natura, Il significato universale dell'arte, Il primo passo verso un'estetica positiva, Il significato dell'arte.*

Chi legge queste opere di Solov'ev scopre come il tema della bellezza sia compenetrato con il tema dell'unità. La bellezza unisce. Questi sono due atteggiamenti del suo pensiero teologico. Per lui la grandezza è tutt'altro che una misura. Grandezza è essere ispirato dall'alto e vedere la vita nella prospettiva dall'alto. Questa è la prospettiva rovesciata di Colui che ci guarda e che unisce tutto. Verità, bontà e bellezza sono attributi della grandezza e in essa sono riuniti. Il male, la disintegrazione, la dispersione che l'uomo porta in se stesso gli impediscono di vivere la pienezza della vita per la quale è creato. La mancanza d'armonia è percepita come mancanza di bellezza. La riconciliazione che ha per fondamento tutta l'unità, a qualunque livello essa sia, è un problema di estetica. La bellezza è la materializzazione dello spirito e la spiritualizzazione della materia, è "l'unita spirituale" realizzata[81].

Grazie all'amore, l'uomo diviene simile a Dio, creatore di unità e di verità. Logico frutto di amore di Dio è la vita eterna. Ma questa vita eterna si può particolarmente percepire grazie alla bellezza, che è la qualità temporale dell'eternità.

La bellezza non è mai una presenza neutrale davanti all'uomo. Essa mai esprime un contesto qualsiasi. Non è giusto pensare che la bellezza esprima qualunque contenuto. "In certo modo, come il male, anche la stessa bellezza fuori della fede, potrebbe essere un concetto astratto, relativo, cioè inesistente[82].

---

[80] *Ibid.*, 7.
[81] M. TENACE, *La bellezza, unita spirituale,* Roma 1994, 20.
[82] *Ibid.*, 22.

Il punto di partenza per percepire il bello è per Vladimir Solov'ev l'esigenza di una conoscenza integrale. Lui parla di percezione particolare del mondo come unità, come trascendenza, come assoluto e come bellezza. Tale esperienza vissuta in chiave di "incontri" viene descritta in modo molto sobrio, ma sufficientemente chiaro, perché si possa tuttavia percepire la convinzione che la verità non si trova né nella sola analisi dei fatti esterni, né alla fine di ragionamenti logici, anche quando si tratti di comprendere una esperienza personale. Nei santi spesso si trovano racconti simili. Sant'Ignazio di Loyola dice ad esempio, nella sua autobiografia, che in una sola visione lungo le rive del Cardoner egli ha ricevuto più grazie e conoscenza che in tutto il resto della sua vita e dei suoi studi, egli ha imparato più sul mistero di Dio in un solo istante di quanto non gli abbia insegnato tutta la teologia[83].

§ 4.2. La bellezza nella natura

Non per caso Solov'ev comincia la sua trattazione sulla bellezza con il testo sulla bellezza della natura. Secondo lui, se si vuole trattare della bellezza, si deve cominciare dalla sua manifestazione più immediata, dalla sua realtà nella natura come dato più immediato e obiettivo. Mostra che la bellezza esiste prima che l'uomo sia in grado di pensarla e sta ad indicare un senso della vita all'uomo che pensa. Il pensiero di Solov'ev sulla bellezza è stato costruito su due famose frasi di Dostojevskij: *La bellezza salverà il mondo* e *la bellezza è il mistero in cui il diavolo lotta con Dio e il campo di battaglia è il cuore dell'uomo.*

Dostojevskij considera il principio del bene e del male esclusivamente in riferimento al regno di Dio instaurato da Gesù Cristo. Ciò che sta a cuore a questo autore non è tanto il bene e il male in rapporto all'individuo e alla sua condotta ma in rapporto alla salvezza del mondo intero. Per lui il problema della bellezza viene definito come problema religioso. Inoltre solamente all' interno della Chiesa esiste un'unità che può costituire il criterio di discernimento del bello. Nella sua espressione più alta la bellezza si mostra dunque visibile e decifrabile nella chiesa. Il luogo più appropriato di questa manifestazione è la liturgia. In Dostojevskij e Solov'ev è un comune atteggiamento verso la bellezza, lo stesso sentire per l'arte e anche per la profezia.

Perché Dostojevskij ha detto che la bellezza salverà il mondo? "Perché il mondo non deve essere salvato con ricorso alla forza. Nelle sue convinzioni, egli

[83] Cf. M. TENACE, *La bellezza, unità spirituale,* Roma 1994, 43.

non separò mai la verità dal bene e dalla bellezza: nella sua creazione artistica egli non esaltò la bellezza separandola dal bene e dalla verità"[84].

Secondo Dostojevskij, questi sono tre aspetti inseparabili di un'idea assoluta[85]. Idea assoluta è "l'infinità dell'anima umana rivelatasi in Cristo, di quell'anima che è capace di accogliere in sé tutto l'infinito della divinità: quest'idea costituisce a un tempo il bene più elevato, la verità più alta e la bellezza più perfetta"[86]. Così spiega Solov'ev la famosa frase di Dostojevskij" la bellezza salverà il mondo". Questo è certamente un processo di trasformazione del mondo che viene messo sotto il segno della bellezza.

L'estetismo espresso nella teoria dell'arte per l'arte o dell'arte pura, volendo "abbellire" la realtà in modo *arbitrario e vuoto,* riduce la bellezza a un *vuoto divertimento*[87]. Solov'ev sottolinea il significato universale della bellezza, che ha la sua funzione in un mondo che deve essere salvato. L'arte è il frutto dell'incontro con il destino del reale, cioè del mondo dell'uomo. Va quindi riconosciuto "alla vera bellezza la capacità di influire profondamente e fortemente sul mondo reale"[88]. Solov'ev pensa che l'arte attraverso la bellezza può migliorare e in certo senso creare il mondo. Questa è la missione dell'arte: creare e migliorare. Miglioramento che è presentato come creazione nuova e bella, coincidente con la salvezza del mondo, più perfetto perché più complesso e insieme più specificato. Per Solov'ev la natura e l'arte sono i due ambienti di manifestazione della bellezza. L'estetica della natura ci fornirà i necessari fondamenti per una filosofia dell'arte[89].

La luce è il primo principio del bello nella natura, in quanto è il principio capace di liberare la materia dalla sua pesantezza e dalla sua impenetrabilità. È dunque il primo principio d'unione tra il materiale e il non materiale. L'osservazione del fenomeno della luce nella materia organica poterà a questa conclusione: la bellezza è *la materia illuminata* o *la luce incarnata.* Primo principio della bellezza nella natura è la luce, che unita in modo indissolubile alla materia, produce la bellezza. Cosa rende bello il diamante, si chiede Solov'ev? E risponde: La sua composizione chimica è la stessa del carbone, quindi la sua bellezza non proviene dalla materia. Il diamante è bello a causa dei giochi di rifrazione di luce completamente uniti alla materia, che si presentano alla vista

[84] M. TENACE, *La bellezza, unità spirituale,* Roma 1994, 70.
[85] Cf. V. SOLOV'EV, *Tri reči v pamjať Dostojevskago,* Munchen 1985, 34.
[86] M. TENACE, *La bellezza, unità spirituale,* Roma 1994, 70.
[87] *Ibid.*, 73. preso dal *Krasota v prirode*, Bruxelles 1966, 33.
[88] *Ibid.*, 74. preso dal *Krasota v prirode*, Bruxelles 1966, 34.
[89] Cf. V. SOLOV'EV, *Il significato dell'amore e altri scritti,* Milano 1983, 111- 122.

come facce luminose di una bellezza perfetta. La bellezza non appartiene mai affatto alla materia sola, nè alla sola luce, essa è piuttosto "il prodotto di ambedue nella loro azione reciproca"[90].

Questo esempio che presenta il rapporto tra la materia e la luce può esprimere una sorta di rapporto tra un principio materiale e un principio non materiale. In un principio materiale è sempre presente un principio non materiale. Questo principio non materiale è, secondo Solov'ev, principio ideale.

Quindi stiamo arrivati a presentare due definizioni della bellezza: - "la bellezza è la trasfigurazione della materia attraverso l'incarnazione in essa di un principio diverso trans – materiale"[91], "essa è l'incarnazione di una idea"[92].
Secondo Solov'ev ciò che è degno di esistere è l'Assoluto. L'idea è presente nella bellezza come un rapporto con ciò che è degno di esistere, un rapporto con l'Assoluto.

§ 4.3. Significato universale dell'arte

L'arte non è solo una profezia ispirata sul destino dell'uomo. L'artista, dirigendo i suoi sforzi sul bello, produrrà delle opere in armonia con il vero e con il buono e questo "regno non avrà fine". Qui sono subito incluse due domande. Qual è il rapporto tra la bellezza naturale e la bellezza artistica? Altra domanda che scaturisce è: qual è il rapporto tra il bello, il vero e il buono?

La bellezza dell'arte è vista come una ripetizione, un raddoppiamento, una imitazione della natura. Ma la bellezza si riferisce ad un altro principio trans-materiale che non è la luce della ragione, ma un'idea che nella sua incarnazione realizza la perfetta unità del mondo e del suo significato. L'arte non è dunque né imitazione, né continuazione, ma "profezia ispirata"[93].

Se la bellezza fosse una ripetizione e continuazione della bellezza nella natura, l'arte sarebbe totalmente nelle mani di Dio e non avrebbe niente in comune con l'atto umano. Ma l'arte è realtà che avviene per l'attività divina e umana insieme. La bellezza nella natura esiste prima che esista l'opera d'arte. Per questo è normale che tante opere di arte siano state ispirate dalla natura. Ma la bellezza dell'arte non dipende dalla capacità di imitare la natura. Per esprimere certe qualità della natura e dell'arte usiamo la stessa parola – "bello". Ma queste bellezze non sono uguali per niente. La bellezza nella natura è un fatto diverso dalla creatività

[90] V. SOLOV'EV, *Krasota v prirode*, Bruxelles 1966, 34.
[91] *Ibid.*, 171.
[92] *Ibid.*, 173.
[93] V. SOLOV'EV, *Obščij Smysl iskusstva*, Bruxelles 1966, 321.

artistica. Elementi comuni si trovano senza dubbio, ma dobbiamo distinguere tra la bellezza nella natura e la bellezza nell'arte, se non vogliamo perdere il senso profondo dell'arte.

L'argomento dell'arte richiede la riflessione sul senso dell'attività umana nella storia, e non su quello della evoluzione cosmica. Esiste un rapporto di continuità tra natura e arte tra evoluzione cosmica ed evoluzione storica. L'uomo è la chiave di interpretazione del perché la bellezza della natura ci sia stata data. Solo attraverso l'uomo si scopre che l'arte è una nobile attività che incarna la bellezza più della natura.

Quindi il pensiero di Solov'ev su questo tema possiamo esprimerlo così:

- la bellezza oggettiva nella natura è una prova dell'evoluzione, della lenta trasformazione della natura verso una perfezione dell'incarnazione nella materia di un principio trans-materiale.
- Il risultato di questo processo di incarnazione è l'uomo naturale, in cui bellezza, complessità corporale e coscienza che unisce, sono superiori a tutto ciò che esiste nella creazione.
- A causa delle sue caratteristiche, del principio spirituale che incarna, della sua divina – umanità, l'uomo non è solamente il risultato, ma anche l'agente di questa evoluzione, opera di Dio e dell'uomo insieme, opera teurgica[94].

Quindi ruolo della persona umana è riflettere come la creazione stia raggiungendo il suo scopo, la sua *fine ideale* è portare verso il suo compimento l'opera cominciata dalla natura.

Questa opera, come abbiamo già detto, consiste nella spiritualizzazione della materia e nella materializzazione dello spirito. Secondo me anche in questo processo si sente chiaramente l'influsso del tema centrale del pensiero di Solov'ev, cioè la bellezza come unità.

Solov'ev spiegando il rapporto tra il bello della natura e il bello nell'arte, sottolinea che la bellezza nella natura non risponde alle domande sul bello a cui l'arte è capace di rispondere. La bellezza della natura porta certo a una contraddizione tra la forma e il contenuto, dove non sono presenti segni di infinità e immortalità. "La bellezza dell'arte è superiore a quella della natura, perché nell'arte la natura ha dovuto innalzarsi verso la sfera della vita umana consapevole, la bellezza ha dovuto ricevere dall'uomo la sua piena realizzazione"[95].

---

[94] Cf. M. TENACE, *La bellezza, unità spirituale*, Roma 1994, 102.
[95] M. TENACE, *La bellezza, unità spirituale*, Roma 1994, 113. Preso da V. SOLOV'EV, *Obščij Smysl iskusstva*, Bruxelles 1966, 230.

In questo pensiero di Solov'ev sono inclusi i seguenti termini da lui usati: *incarnazione dell'idea degna di esistere, materializzazione dell'essenza spirituale, spiritualizzazione*[96].

Seguendo sempre la linea del nostro tema *Percezione teologico dell'arte musicale* si vuole qui aggiungere che gli termini usati da questo autore sono molto chiari anche per i veri musicisti. L'*Incarnazione dell'idea musicale* è un processo essenziale per ogni compositore o interprete musicale. Praticamente significa che i toni percettibili portano il messaggio impercettibile – spirituale, ciò significa la *materializzazione dell'essenza spirituale* o *spiritualizzazione* della materia musicale (ritmo, melodia e armonia).

§ 4.4. Trasformazione attraverso l'arte

Secondo Solov'ev attraverso l'arte si "assiste alla trasformazione della vita fisica in vita spirituale"[97]. Infatti arte e religione sono realtà ugualmente profonde. Allo stesso modo in cui l'uomo integra e trasforma la luce e la vita naturale, il divino prende la vita e la coscienza umana e la trasforma in vita spirituale. L'arte è così anticipazione e prefigurazione della vita perfetta. Solov'ev parla sul triplice compito dell'arte:

1. la diretta oggettivazione di tutte quelle proprietà che non possono essere espresse dalla natura.
2. la spiritualizzazione della bellezza naturale
3. l'eternizzazione delle sue manifestazioni individuali[98].

Secondo Solov'ev, l'arte è una "profezia ispirata" ed esprime un rapporto tra l'attività artistica e il senso del futuro. "Opera d'arte è ogni rappresentazione sensibile di qualsiasi oggetto o fenomeno dal punto di vista del suo stato definitivo, ossia alla luce del mondo futuro"[99]. L'arte non è un puro divertimento. Essa pure essendo nell' ambito umano, domestico, sociale o morale molto utile, non lo è nel senso di essere risposta al nostri più bassi bisogni immediati. L'arte ha una sua specifica e particolare *utilità*. La parola *utile* evoca l'idea di *mezzo* che serve a un *fine*. Ma secondo Solov'ev non esiste e non è sufficiente alcuno scopo particolare a spiegare da solo tutta la vastità di un così grande fenomeno qual è l'attività l'artistica. Tale scopo occorre ricercarlo nel vasto orizzonte del senso

[96] Cf. *Ibid.*, 112.
[97] M. TENACE, *La bellezza, unità spirituale*, Roma 1994, 113. Preso da V. SOLOV'EV,*Obščij Smysl iskusstva*, Bruxelles 1966, 82.
[98] Cf. *Ibid.*, 114.
[99] *Ibid.*, 115.

della vita e di tutta la attività umana. Il fenomeno particolare che è l'arte va osservato e compreso quindi all'interno del complesso fenomeno umano. Può essere utile a tale scopo la plastica immagine del lavoro dell'orologiaio: la perfetta conoscenza del complesso meccanismo che ha in mano e la sua abilità ad intervenire su una singola parte. Altra utile immagine è quella del corpo umano, dove la perfezione di ciascun membro rimanda alla perfezione dell'insieme dell'organismo.

Solov'ev non dubita che l'arte sia utile, ma rifiuta l'imitazione in senso generale della storia universale e della vita umana. L'arte secondo lui non è applicazione tecnica o meccanica, ma è creatività e un'attività dello spirito. Per trovare la definizione dell'arte bisogna secondo Solov'ev non cercarla *in sé*, ma in ciò che essa è *in rapporto con*. Il vero senso dell'attività artistica va cercato insieme al destino di tutte le altre attività dello Spirito e ha con esser un intenso rapporto reciproco. L'artista quindi opera in un campo strettamente legato con altri campi. L'opera dell'artista è principalmente arte e relazione. Legare tale idea di solidarietà universale e di partecipazione al tutto, è da Solov'ev riferita all' estetica con una sorprendente ricchezza.

L'utilità dell'arte tocca un livello profondo della realtà umana: l'uomo ha bisogno di vivere la sua realtà di immagine e somiglianza di Dio. Ora, l'arte risponde a questo bisogno perché è una realtà della divinizzazione. L'arte permette la spiritualizzazione della materia e la materializzazione dello spirito, la riconciliazione tra presente e futuro[100].

Minimizzare e ridurre l'attività artistica significa diminuire il livello generale della vita. Se non si crede nella missione dell'arte, vuol dire che non si percepisce il senso della vita. L'arte ha un indispensabile compito nella nostra vita. Secondo Solov'ev questo compito è servizio. Se si riconosce un maestro, si mettono le proprie capacità al servizio del compito da lui indicato. La promessa di fecondità non dipende da ciò che si fa, ma dalla unicità e ricchezza del maestro al cui servizio ci si mette. Ma rimane la domanda: chi servire e chi adorare? Queste sono le domande, sulle quali anche l'arte deve trovare una definitiva risposta. La risposta alla stessa domanda all' inizio della storia umana ha diviso persino gli angeli. La risposta a questa domanda divide anche l'arte come ha diviso gli angeli in buoni e cattivi. La storia dell'arte conosce molto bene anche l'arte decadente. Quando l'arte è venuta meno nel suo servizio alla vita, essa è decaduta dalla sua vocazione più alta. Si è messa al servizio della creatura divenendo arte profana, arte della morte. Ma servire se stessi è il principio dell'Anticristo, è servire a una

[100] Cf. *Ibid.* 126.

bellezza non vera, né buona, né bella, perché non è capace di salvare. Essa è "demoniaca" e rovina del mondo. L'attività artistica non possiede per se stessa un qualche particolare oggetto elevato se non quello che serva sia pure a modo suo e con i mezzi suoi, al bene generale dell'umanità.

" L'arte non è per l'arte, ma per la realizzazione di quella pienezza di vita che include necessariamente anche l'elemento specifico dell'arte, la bellezza che l'include non come qualcosa di separato e di autosufficiente, ma in un nesso sostanziale e intimo con tutto il rimanente contenuto della vita"[101].

Solov'ev rifiuta di trattare il bello solo come sentimento estetico, come una realtà psicologica. Lui vuole promuovere questo sentimento ad una vita più alta e profonda. La bellezza è secondo lui un modo d'essere dell'ordine spirituale. Il divino abita nello spirito umano ed emerge dalla realtà fisica e psichica, perché ne segna e ne indica l'origine e il destino. Come realtà spirituale la bellezza aiuta a trascendere e a distaccarsi dal semplice sentimento del bello. La bellezza cambia la persona umana in un modo simile a come cambia la realtà spirituale. Nei fatti, il materialismo, l'utilitarismo, e il sentimentalismo sono una riduzione e un impoverimento della grande vocazione della bellezza e della attività artistica.

Per Solov'ev l'oggettivo e "il soggettivo della bellezza non si possono distinguere, perché per lui la materia stessa è teofania"[102]. Per lui conta solo ciò che unisce, non ciò che è l'oggetto o il soggetto. L'arte si presenta un po' come un processo simile a una teofania. Dio si fa visibile nella persona di Gesù Cristo, e come in lui divino - umano, l'oggettivo e il soggettivo non si confondono né oppongono, così anche la vera arte presenta uno stretto collegamento tra spirituale e materiale, dove questi due attributi, oggettivo e soggettivo, non si confondono né si oppongono.

§ 4.5. Commentario riassuntivo

Vladimir Solov'ev è il personaggio più grande che avrai potuto scegliere tra i pensatori orientali. Era fondatore del simbolismo in oriente. Lui non era musicista, ma non era solo un teologo. Era anche poeta, filosofo e critico della letteratura. Proprio lui è un ottimo rappresentante del pensiero orientale, perché lui, come anche i suoi allievi, presentano un tipo di pensiero aperto a tutti i movimenti culturali. Proprio per questa apertura il suo sguardo culturale è molto

[101] *Ibid.*, 134. Preso da V. SOLOV'EV, *Pervyj šag k položitel'noj estetike,* Bruxelles 1966, 250.
[102] M. TENACE, *La bellezza, unità spirituale,* Roma 1994, 135. Preso da V. SOLOV'EV, *Tri reči v pamjat Dostoevskago,* Bruxelles 1966, 212.

ampio sembra il corrispettivo di Balthasar in oriente. Secondo me tutto il suo pensiero che tocca il nostro tema trovare i punti comuni tra la teologia e la l'arte si può riassumere in tre tappe:

- La prima tappa, che è la più importante, presenta la bellezza come unità. Tra bellezza e unita esiste un stretto legame. La bellezza unisce, la bellezza è materializzazione dello spirito e spiritualizzazione della materia.

- La seconda tappa è una variazione della prima. La bellezza comunica con un mondo che manca di sensibilità per il mistero. Così il mondo ateo è coinvolto nel mondo del mistero e inconsapevolmente si unisce a lui, nel processo dell'unita.

- La terza tappa consiste nell'esperienza dell'incontro col mistero. Questi incontri sono intensi e si possono sperimentare nella vita spirituale e anche nella vita artistica. Sono momenti solenni durante i quali la persona conosce non razionalmente (Sant' Ignazio in una sola visione ha ricevuto più che durante tutto il suo periodo di studio). Questo momento comune a teologia e arte è già stato presentato, descritto da Sequeri nel paragrafo *Rivelazione e bellezza* – dove sottolinea il fatto di essere presi, toccati dal mistero.

Solov'ev sottolinea due aspetti della bellezza che sono importanti anche nella teologia.

- Il primo è l'aspetto passivo, dove la bellezza si aspetta dall'alto e arriva come luce che fa splendere il diamante. La bellezza, come la salvezza, non arriva a noi attraverso sole nostre forze.
- Il secondo è l'aspetto attivo: sottolinea che la bellezza nella natura non è arte. L'arte è realtà che avviene per attività divina e umana insieme.

Capitolo Quinto
Pável Nikolájevič Evdokímov

Evdokímov è un attore russo che ha vissuto tanti anni come emigrante. Ha scritto parecchi libri tra cui *Teologia della bellezza*, un libro a lui stesso molto caro. Può sembrare contraddittorio che su questo tema scriva un uomo che aveva poca possibilità di sperimentare la vita bella. Suo padre era stato assassinato quando lui era ancora bambino. Inoltre fu colpito da varie malattie, dalle morte prematura della moglie, dall'esilio dopo la Rivoluzione d'Ottobre. Come mai con un'esistenza così travagliata è riuscito a coltivare un'idea della bellezza come contemplazione e sintesi della vita? Non manca l'interpretazione secondo cui la bellezza per Evdokimov era come una proiezione compensativa delle frustrazioni subite nel corso della sua esistenza reale. Questa interpretazione può rendere conto di alcuni aspetti dell'opera, ma non spiega la passione di Evdokimov per la bellezza. Nella sua vita si può osservare qualche punta di massimalismo, come il desiderio irresistibile di superare ogni limite e di scrutare gli abissi, ma non è altro che "costante e inestinguibile sete dell'Assoluto"[103].

Era un uomo certamente molto impegnato (lavorò per 21 anni come tassista a Istanbul, e faceva anche altri lavori per sopravvivere) ma non gli mancava mai il sogno di una realtà diversa. Questo sogno di realtà divina penetrava la sua vita quotidiana. Il suo sogno non era mai pura evasione, era necessariamente commisurato alla realtà per poterla affrontare e trasformare. Per capire meglio il suo pensiero teologico valgono molto alcuni eventi biografici.

§ 4.1. Presenza dell'Invisibile

A questo proposito vale ricordare un episodio della sua vita. Fin da bambino la madre, persona molto religiosa e sensibile, lo educò al senso della presenza dell'angelo custode. Non mancherà chi sorrida di fronte ad una simile reminiscenza di presunto devozionismo, e si domanderà che cosa mai c'entri l'angelo custode con una visione estetica dell'esistenza. Ma il senso della presenza di un angelo custode come è presentato da Evdokimov è un'esperienza della trascendenza che gli permette di superare il vitalismo caratteristico di gran parte

[103] P. Evdokimov, *Cristo nel pensiero russo*, Roma 1972, 38.

della tradizione culturale legata alla *santa Russia*"[104]. E poi il senso della presenza dell'angelo custode si radica nel senso della presenza dell'Invisibile, capace di superare l'esistente e di esplorare le frontiere del possibile.

"Solo nella prospettiva della presenza dell'Invisibile si comprendono le sue fini analisi dell'opera di Gogol' e di Dostojevskij"[105].

La presenza dell'Invisibile nella vita di Evdokimov mostra la "feconda distinzione tra la *fantasia*, intesa come capacità di presagire il possibile, come svelamento del profondo spessore dell'attualità storica, e l'*immaginazione,* intesa invece come illusoria proiezione nel regno della possibilità di riunire i *pezzi del mondo attuale*"[106]. Col senso della presenza dell'Invisibile di Evdokìmov è collegata la passione per il possibile. Ma questa passione non è opposizione o rifiuto dell'esistente: è piuttosto la valorizzazione dei fermenti di bontà, di amore e di bellezza della storia.

Da giovane allievo dell'Accademia militare, Evdokimov visitava molto spesso i monasteri russi, condividendo la vita dei monaci. Da qui nasce l'esigenza di passare dall'icona contemplata all'icona vissuta. Secondo lui ogni uomo deve diventare icona vivente di umanità per i suoi simili. A colui che ha fame essa offrirà senza limiti non già le "pietre ideologiche" dei sistemi né le "pietre teologiche" dei catechismi, bensì il pane e il vino della presenza divina e "il cuore del fratello umano, offerto in nutrimento puro"[107].

Evdokimov (come Solov'ev) era affascinato da Dostojevskij e in certo senso voleva completare la sua famosa frase: *la bellezza salverà il mondo*. Si chiede: Quale bellezza salverà il mondo?[108] quella naturalmente che si concretizza come spazio di manifestazione dell'Invisibile e come ricostruzione della verità dell'uomo. Qui si incontra l'esperienza estetica con l'esperienza etica. Non soltanto si incontrano, ma si congiungono in un influsso reciproco. Una cambia l'altra. La bellezza è capace di cambiare l'uomo[109].

Secondo Evdokimov bello non è solo ciò che piace: oltre ad essere una festa per gli occhi, il bello nutre lo spirito e lo illumina. Splendore dell'essere, il bello pone l'uomo intero in una specie di convivenza con il trascendente. Realtà

---

[104] Il popolo russo, uscendo dal fonte battesimale, si definisce e si dà il nome non di Bella Russia o di Grande Russia, ma quello di Santa Russia. Questo nome non indica assolutamente una santità effettiva dei russi, ma esprime il principio stesso della loro Storia; vuol dire,secondo Dostojevskij, che l'ideale dell'Assoluto è sola forza che muove i popoli.
Cf. P. EVDOKÍMOV, *Cristo nel pensiero russo*, Roma 1972, 39-41.

[105] P. EVDOKÍMOV, *Tologia della bellezza. L'arte dell'icona*, Torino 1990, 12.

[106] *Ibid.,* 12.

[107] *Ibid.,* 14.

[108] Cf. B. FORTE, *Confessio theologi. Ai filosofi,* Napoli 1995, 34 -36.

[109] Cf. P. EVDOKÍMOV, *Le età della vita spirituale*, Bologna 1968, 202.

metafisica, il bello è anche realtà religiosa. In ogni uomo è sempre presente il desiderio di raggiungere la pienezza. ;a "La bellezza può diventare una trappola: bellezza del diavolo, in essa può consumarsi uno *scisma ontologico* che le impedisce di essere il luogo in cui si passa dal visibile all'invisibile. In greco diavolo si dice *dia-bolos*. Il suo contrario è *sym-bolos*, il simbolo, ciò che unisce"[110].

Il valore metafisico della bellezza, come anche il suo valore religioso, si riferisce al fatto che la bellezza è il simbolo di questo mondo dalle corrispondenze segrete, del quale con difficoltà, senza la bellezza, scopriremmo la chiave. Il segno evoca di più dell'allegoria, contiene la presenza di quanto rivela il senso. Attraverso il visibile, l'invisibile si lascia intravvedere, contemplare, e tale contemplazione trasforma l'uomo. La pittura, la musica e la poesia esprimono il mistero che diventa visibile, il mistero che si fa immagine[111]. Per il teologo tutto è virtualmente sacro, tutto può diventare mediazione dell'esperienza del divino, mentre d'altro canto nulla è profano e neppure neutro, perché tutto si riferisce a Dio.

Evdokimov pensa che per l'artista tutto ciò che è bello può essere mediazione dell'esperienza divina. Secondo lui l'arte, e specialmente la musica, è il cammino sul quale la Sapienza di Dio si lascia incontrare.

§ 4.2. Metafisica della luce

Per Evdokimov contemplazione ed esperienza mistica nutrono l'attività speculativa e quella conoscitiva. Dal Tabor della trasfigurazione l'anima credente è inondata di luce. Essere nella luce significa per l'uomo rimanere nella bellezza voluta da Dio creatore. "La Trinità pervade dunque di sé tutte le cose: tutto è creato in Dio, tutto riposa nella Sua luce, tutto è immerso nelle relazioni d'amore dei Tre, che creano e sostengono nell'essere ogni esistente. La verità delle creature altro non è che il loro risplendere della luce originaria"[112].

La luce che viene dall'alto permette all'essere umano la partecipazione allo sguardo dell'occhio divino. Si dice abitualmente che nell'ellenismo la vista predomina sull'ascolto, mentre tra gli ebrei l'ascolto viene prima: Israele è un popolo più auditivo che visuale. Per loro era necessario ascoltare le parole. Ma nei testi messianici – *"Ascolta, Israele"* fa posto all'invito del momento visuale –

[110] P. EVDOKÍMOV, *Tologia della bellezza. L'arte dell'icona*, Torino 1990, 20.
[111] Cf. P. EVDOKÍMOV, *Sacramento dell'amore*, Vicenza 1966, 77-81.
[112] B. FORTE, *La porta della Bellezza. Per un'estetica teologica*, Brescia 1999, 74.

"*Alza gli occhi, e vedi*". Nella Bibbia, la parola e l'immagine dialogano, si chiariscono dall'una all'altra, esprimono gli aspetti complementari della medesima ed unica Rivelazione. Quindi non soltanto ascolto, ma anche sguardo. Dio mi vuole indurre a guardare in modo diverso. Dio mi dà luce diversa[113].

Nell'Incarnazione il visibile ospita l'invisibile: l'invisibile si rivela nel visibile: "Chi vede me, vede il Padre" (Gn 14, 9). Questo significa che l'immagine fa parte dell'essenza del cristianesimo allo stesso titolo della parola. "Il tema della luce attraversa come un lampo l'iconografia orientale, si pone nel suo elemento e fa di essa una grandiosa *mistica solare* "[114].

Questa mistica solare attira l'attenzione della gente. Ognuno ha desiderio di vedere la luce. Usando con altre parole: l'uomo è definibile come essere che ha sete di bellezza; tale sete è suscitata dallo Spirito Consolatore. Secondo Evdokimov lo Spirito forma la creatura a immagine dell'Uomo nuovo. La figura del Cristo è il volto umano di Dio: lo Spirito Santo mediante lui ci rivela la Bellezza assoluta[115]. Evdokimov afferma e distingue il realismo dal mistero dell'incarnazione. L'uomo è secondo lui più uomo quanto più è immagine di Dio, o icona di Dio. Più la persona si apre – più si espande e abita Cristo in lui. Perché il divino, venuto nella storia, non fa concorrenza all'umano, ma lo attira al suo ultimo destino di bellezza e di luce. Non è un concorrente, non ne è invidioso.

L'autore dice che la modernità occidentale va corretta nella sua prospettiva orgogliosa ed autosufficiente. La modernità pensa che Dio sia un rivale dell'uomo, quasi volesse togliergli la liberta, volendolo fare meno uomo o meno donna. Ma non è cosi. La luce viene verso l'uomo, si irradia su di lui come dono, non viene da lui, come mostra la singolare prospettiva dell'icona. Nell'icona c'è una luce che fa parte della teologia della bellezza della icona: non soltanto io guardo verso l'icona, ma l'icona guarda me[116].

Quella luce che viene verso l'uomo tramite l'icona, può venire anche tramite l'arte musicale. In certo senso ogni vera arte può manifestare tutta la sua luce in un momento[117].

"Il Tutto dimora nel frammento con la potenza di una donazione originaria: all'uomo il compito di riconoscerlo, di accoglierne la misteriosa presenza, di lasciarsi illuminare dal paradosso del minimo Infinito"[118].

---

[113] Cf. P. EVDOKÍMOV, *Tologia della bellezza. L'arte dell'icona*, Torino 1990, 210.
[114] P. EVDOKÍMOV, *La conoscenza di Dio secondo la tradizione orientale*, Roma 1969, 341.
[115] Cf. P. EVDOKÍMOV, *La preghiera della chiesa orientale*, Brescia 1970, 43.
[116] Cf. P. EVDOKÍMOV, *Sacramento dell'amore*, Vicenza 1966, 131-133.
[117] Cf. P. EVDOKÍMOV, *Teologia della bellezza,* L'arte dell'icona, Torino 1990, 166.
[118] B. FORTE, *La porta della Bellezza. Per un'estetica teologica*, Brescia 1999, 79.

"È Cristo il luogo supremo dell'avvento, dove una volta per sempre la Bellezza è venuta a risplendere in tutto il suo fulgore salvifico"[119].

Non é la perfezione dell'umano a meritare l'avvento del divino, ma é la gratuità della luce divina che trasforma dall'intimo anche l'umano più fragile. L'icona é il segno di questa economia della luce divina partecipata all'uomo, essa infatti é il frammento ospitale del suo avvento.

"Sulle icone non c'è mai una sorgente di luce, perché la luce è il loro soggetto: non s'illumina il sole La contemplazione della Trasfigurazione insegna ad ogni iconografo a dipingere più con la luce che con i colori"[120].

Soltanto facendo l'esperienza del mistero Pasquale di Cristo, il credente può leggere veramente l'icona: leggere con gli occhi della fede.

"L'icona è *la visione delle cose che non si vedono*. Ancora di più, essa suscita ed attesta la presenza del trascendente, è il luogo teofanico, ma la sua strada ha attraversato il cammino della croce e della morte"[121].

§ 4.3. Esperienza estetica e esperienza religiosa

Secondo Evdokimov c'è una somiglianza sorprendente tra queste due esperienze: di fronte al loro oggetto entrambe sono in un atteggiamento di contemplazione, forse anche di preghiera e di supplica. Ciò che le distingue è il modo in cui ciascuna coglie il suo oggetto, o piuttosto ne è colta.

Gli scolastici dicevano che il bello è ciò che piace quando lo si vede. Più tardi troveremo l'espressione che "bello è festa per gli occhi". Per tutti *piace* o *emozione* è sintomatico della conoscenza estetica, del vero percepito sensibilmente mediante le forme artistiche. Un artista rivela la sostanza dell'essere, purificato dalle sue deficienze; fa contemplare il suo aspetto ideale, fa vedere *un'altra natura*, la sua verità nascosta. La bellezza costituisce perciò una delle facce della trinità ideale del vero, del buono e del bello. L'artista porta la sua luce nell'oscurità, egli non riproduce, né copia, bensì crea delle forme sensibili, ricettacoli di un contenuto ideale. Nel suo momento culminante, l'arte aspira alla visione dell'essere integrale del mondo come deve essere nella sua perfezione; l'arte abbozza un'approssimazione al Mistero ontologico. La percezione intuitiva della bellezza è già una certa vittoria creatrice sul caos e sulla bruttezza.

---

[119] *Ibid.*, 79.

[120] P. EVDOKÍMOV, *La conoscenza di Dio secondo la tradizione orientale*, Roma 1969, 221.

[121] BRUNO FORTE, *La porta della Bellezza. Per un'estetica teologica*, Brescia 1999, 83.

Per mezzo degli attributi dei propri mezzi, ogni arte rivela una profondità inesprimibile logicamente. Infatti è impossibile raccontare una poesia, scomporre una sinfonia, smontare un quadro. Le parole non sono sufficienti a farlo. Il bello è presente nell'armonia di tutti gli elementi e ci pone dinanzi a un'evidenza indimostrabile, che non può essere giustificata se non contemplandola. Il suo mistero illumina dal di dentro l'esteriorità fenomenica, come l'anima irradia misteriosamente in un sguardo. Il bello ci viene incontro, si fa intimo, prossimo, apparentato alla sostanza stessa del nostro essere. Non si tratta affatto di un'illusione o di una proiezione delle nostre emozioni soggettive: noi non aggiungiamo nulla alla realtà oggettiva di una rivelazione, semplicemente ne siamo presi senza neppure poter sempre trovare delle "parole poetiche" adeguate alla nostra sconvolgente esperienza, perché essa riguarda non già la ragione ma il cuore.

I grandi pittori affermano di non avere mai visto nulla di brutto nella natura. "Un artista ci presta i suoi occhi e ci fa vedere un frammento dove nondimeno il Tutto è presente, come il sole si riflette in una goccia di rugiada"[122]. Grazie all'arte il mondo si volge verso di noi, ci parla, ci confida i suoi misteri segreti. Noi comunichiamo con la bellezza come con un amico, e sperimentiamo una strana consonanza con una realtà che ci sembra essere la patria della nostra anima, perduta e ritrovata. L'arte apre il mondo intero sul mistero e così l'esperienza estetica aiuta a passare verso l'esperienza religiosa.

Evdokimov osserva che la Bellezza divina per i Padri della Chiesa è una categoria fondamentale, biblica e teologica. Per loro la bellezza nel mondo è una realtà teologale, una qualità trascendentale dell'essere, analoga al vero e al buono. L'armonia delle verità divine è personalizzata in Cristo, *creduto* ma anche *veduto*. L'Epifania, il Tabor, la Risurrezione, la Pentecoste sono le irruzioni folgoranti che si fanno vedere. La Trasfigurazione del Signore, di fatto, era quella degli apostoli; per un momento i loro occhi aperti potevano vedere, al di là della sua *kènosis*, la gloria del Signore.

Secondo *Ebrei 5,13-14* il Perfetto possiede "una facoltà esercitata di percezione", lo Spirito di discernimento, funzione assiologica che distingue infallibilmente il bene dal male, ma anche il bello dal brutto. Dio vuole che la sua epifania sia percepita dall'uomo tutto intero.

Secondo S. Massimo i poteri dell'anima si schiudono attraverso i *sensi*. L'anima intende, vede, sente, gusta e perciò si crea degli organi di percezione, i sensi. L'uomo è una totalità al tempo stesso spirituale e sensibile in funzione

---

[122] P. EVDOKÍMOV, *Thologia della bellezza. L'arte dell'icona*, Torino 1990, 45-46.

dell'Incarnazione; i sensi affinati percepiscono sensibilmente l'Invisibile nella profondità misteriosa dell'essere, di quella interiorità che testimonia la relazione intima tra il corpo e lo spirito. La natura "ordinata", "deificata" fa vedere la Bellezza di Dio attraverso il volto umano del Cristo; il volto di Stefano, riferiscono gli Atti (6,15).

Secondo Evdokimov la bellezza rimane sempre enigma: sdoppia, affascina e fa perire. Ma è strano che anche gli atei e i nichilisti amino la bellezza. Più che altri provano a fabbricare gli idoli e li adorano. Prima ancora di comprendere e di vivere la bellezza e l'amore, l'uomo li ha già profanati. E cosi la Bellezza, diventa ambigua, ha bisogno di essere salvata e protetta. Evdokimov pensa, come Dostojevskij, che l'unità iniziale della Verità, del Bene e della Bellezza è andata distrutta. I principi gnoseologici, etici ed estetici non si trovano più integrati nel principio religioso: divenuti autonomi, ciascuno manifesta fatalmente la più profonda ambiguità; l'idea estetica è intorpidita nell'uomo. Il cuore trova la bellezza anche nella vergogna, nell'ideale di Sodomia, che è di gran lunga quello della maggioranza. È il duello del Diavolo e di Dio, e il cuore umano ne è campo di battaglia[123].

Evdokimov nota che l'aspirazione alla Bellezza coincide con la ricerca dell'Assoluto e dell'Infinito. Gli stessi termini di trasfigurazione, di incarnazione, di immagine, di luce, sono sempre attuali presso tutti gli artisti e testimoniano dell'unità segreta dell'arte e della religione. Egli chiama il principio estetico semplicemente *la ricerca di Dio.* Secondo Evdokimov "Lo Spirito Santo è una comprensione immediata della bellezza, la coscienza profetica dell'Armonia"[124]. È nella santità, nello Spirito che l'uomo ritrova l'intuizione immediata della vera Bellezza.

"Accanto ad una civiltà tecnica, altamente pratica e utilitaristica, si pone la cultura dello spirito, che è un campo predestinato a *coltivare* i valori *inutili*, più esattamente *gratuiti*, fino al momento dell'ultimo superamento verso l'*unico* non *utile* ma *necessario*, secondo la parola del Vangelo"[125].

---

[123] Cfr. *Ibid.*, 47-50.
[124] *Ibid.*, 62.
[125] *Ibid.*, 64.

§ 4.4. Commentario riassuntivo

Irresistibile nel superare ogni limite, costante sete dell'Assoluto: questi sono i due punti centrali, per quali ho scelto questo teologo del mondo orientale. Evdokimov sperimentò un ostinato desiderio dell'Assoluto, che accompagna la vita di ogni teologo, ma anche la vita di ogni vero artista. Il suo sogno della realtà divina penetrava la sua vita quotidiana. Bello secondo lui non è solo festa per gli occhi, ma il bello nutre lo spirito e lo illumina. Questo intuitivamente sperimenta ogni vero artista e proprio per questo cerca continuamente i segni dello spirito che l'arte può offrire. Il Bello pone l'uomo in una convivenza con il trascendente. La stessa esperienza spirituale tocca sia l'uomo religioso che l'artista.

Con il desiderio dell'Assoluto è collegata anche la sensibilità per il segno. Il segno evoca di più dell'allegoria. Attraverso il visibile, l'invisibile si lascia intravvedere, contemplare, e tale contemplazione trasforma l'uomo. Questa sottile trasformazione della vita dell'uomo che Evdokimov percepisce attraverso la religione e anche attraverso l'arte, è proprio al centro del mio tema. Per il teologo, secondo Evdokimov, tutto è virtualmente sacro, tutto può diventare mediazione dell'esperienza divina. Ma l'esperienza lascia i suoi segni: è la trasformazione della vita dell'uomo. Secondo me lo stesso vale anche per l'artista, che è capace di percepire l'arte musicale con il senso per il mistero. Anche per lui l'arte può diventare mediazione dell'esperienza divina, che lascia il suo segno e trasforma l'uomo. La percezione teologica dell'arte musicale non può rimanere senza cambiamenti della propria vita.

Evdokimov è stato affascinato dalla teologia dell'icona. Nell'icona non soltanto io guardo verso di essa, ma l'icona guarda a me. Quanto più la persona adora l'icona, tanto più la persona si apre, tanto più abita Cristo in lui. Ma anche la percezione dell'arte musicale porta con sé spesso l'incontro con il mistero, che ha carattere personale: qualcuno guarda a me. Proprio questo è lo scopo del mio tema *percezione teologica dell'arte musicale*.

CONCLUSIONE

Nel tema che ho scelto per la mia tesi *Percezione teologica dell'arte musicale* ho cercato di presentare come cinque diversi teologi interpretano che la musica, l'arte e la bellezza fanno parte della teologia. Ho osservato tutto questo come uno studente della facoltà di teologica. Ma come studente della facoltà di musica, qualche anno fa ho potuto osservare come la teologia fa parte della musica, anzi non soltanto una parte secondaria, ma una parte fondamentale così forte che ha il potere di cambiare la vita dei musicisti.

Durante gli anni in cui studiavo musica, mi ha meravigliato un'esperienza. Uno studente, all' inizio ateo, che aveva dedicato quasi 15 anni allo studio e all'esecuzione della musica per la musica, arrivato allo zenit della sua carriera, quando poteva avere un brillante futuro come musicista, volle lasciare questa strada per dedicare la sua vita a qualche cosa "di più" spirituale. Desiderava diventare prete, o almeno occuparsi di un'attività più spirituale. Diceva che facendo musica sentiva sempre qualcosa di più – anzi, Qualcuno che è di più. Certo la grazia della fede è un libero dono di Dio, ma statisticamente è chiaro che le persone coinvolte in qualche attività artistica sono più preparati ad accettare questo dono. Perché? Perché la vera l'arte è sempre espressione dell'Inspiegabile Mistero. Con la musica e con l'arte in genere si può dire molto di più che col linguaggio teologico. Essa non soltanto attira la nostra attenzione, ma coinvolge tutta la persona. Anzi la musica ha la capacità di cambiare la vita, come fa la vita spirituale o la preghiera. Tutto quello che Balthasar, Sequeri, Forte, Solov'ev ed Evdokimov hanno detto sulla musica, l'arte e la bellezza, ogni vero artista lo conosce intuitivamente. Ogni vero musicista, senza essere un teologo sa cosa significa *Lo sviluppo dell'idea musicale* come lo presenta **Balthasar.** Il musicista esperimenta ogni giorno come *ritmo, melodia* e *armonia* della musica che lui sta componendo o eseguendo debbono avere la loro propria *struttura.* Questa allo stesso tempo presenta certi limiti che pure lasciano intuire o intravvedere un *valore* più grande, che è il mistero al quale il musicista si sta avvicinando.

Il vero musicista intuitivamente capisce cosa vuol dire la parola *Prometeo* di **Sequeri,** e cosa significa rubare il fuoco al cielo. Sperimenta con l'arte che egli stesso la trascende, ed egli può essere solo mediatore nei riguardi di quello che è più grande di lui. L'artista intuitivamente sente il misterioso collegamento tra la *religione* e l'*arte*, perché l'ispirazione artistica è come la grazia: ambedue vengono dal di fuori. Ma l'artista sperimenta soprattutto il binomio *Rivelazione e bellezza.* Questa esperienza forse non è quella quotidiana, ma non è neppure molto rara.

Nella sua creazione artistica è sempre presente il desiderio di essere "preso", "toccato" dal mistero che é più grande di lui. Ogni giorno l'artista comincia di nuovo la sua faticosa salita sulla montagna, spinto dal desiderio di essere di nuovo preso e toccato dal mistero. É nota la frase con cui Bach rispondeva alla domanda, su come poteva fare tutto questo: *Sono stato costretto a lavorare; chiunque avrà lavorato quanto me, arriverà dove io sono arrivato*. Il lavoro che ha fatto Bach é veramente arduo e grande, ma se manca quella che Beethoven chiamava "scintilla divina" tutto il lavoro resta inutile.

La parola *estetica* usata dai teologi e dai teorici della musica non è molto usata dai musicisti e artisti veri. Essi hanno la loro esperienza della bellezza e spesso hanno paura di parlare troppo di essa. In questo caso tante parole aiutano a capire teoricamente alcune dimensioni dell'arte musicale, ma non dimostrano mai quello che può mostrare la vera arte. È quasi incredibile quale ricchezza presenti la musica per colui che sa ascoltare. *La Musica è come parola di ascolto* che può essere anche non capita. L'uomo che non sa ascoltarla è come quello che non conosce la lingua: sente solo suoni, ma non capisce il contenuto. Ma chi sa ascoltare *le parole* della musica scopre molto. Con la musica non si può ingannare come con le parole. Ascoltando parole non sappiamo se ci esprimono verità, ma sentendo la musica possiamo scoprire nel musicista sincerità, intelligenza, sensibilità, amicizia, semplicemente tutto. Niente è celato per l'orecchio che sa ascoltare.

Bruno Forte sottolinea i limiti che ogni arte ha per esprimere il Mistero di Dio. Certo l'arte ha suoi limiti, ma l'arte musicale ha un campo più vasto delle altre. Il musicista, cercando la strada dell'infinito, sente intuitivamente qualche collegamento con l'eternità (*modello oggettivo cosmologico*), sente che Il Bello è l'offrirsi del Tutto nel frammento, l'evento di una donazione che supera l'infinita distanza. Così la musica aiuta a lasciare e ad elevarsi da tutto ciò è materiale, per fare esperienza profonda della bellezza e della gioia. Questo è il processo che l'artista deve curare e sviluppare. L'esperienza profonda della bellezza e della gioia è quello che Bruno Forte chiama *modello soggettivistico o antropologico*. Gli ultimi due paragrafi che lo stesso autore presenta *Il modello semiologico* e *Mortale bellezza,* mostrano la croce che il vero musicista deve portare. L'artista soffre perché la musica che produce è segno che egli è spesso in crisi. Lavora faticosamente per produrre l'arte come possibile linguaggio del trascendente: ma chi è capace di percepirla cosi? Pochi ascoltatori della musica sono capaci di scoprire che il suono che sentono può essere linguaggio del sacro. Si fermano spesso alla pura forma ricavandone solo qualche piacere per l'orecchio. Il suono sfugge e lascia solo un'impressione che è quasi inspiegabile verbalmente. Così il vero artista porta con sé qualche cosa di tragico: tutto ciò che si presenta come bellezza affascinante è fragile e frammentario.

Secondo **Solov'ev** la bellezza unisce e aiuta a ritornare verso la base di tutto. Proprio questo aspetto dell'unità della musica è uno dei più importanti. L'unità musicale per i musicisti di una orchestra è indispensabile. Senza suonare "insieme" non sarebbe possibile realizzare nessuna opera per orchestra o per qualunque gruppo musicale. Ma questo non basterà. Non basta organizzare melodia, armonia e ritmo secondo un ordine, si deve anche sentire e capire insieme il suo contenuto musicale; altrimenti la musica non avrà la capacità di coinvolgere gli ascoltatori e di creare con loro l'unità. Così quello che Solov'ev chiama *L'unità spirituale* ha la sua realizzazione concreta in musica. La bellezza unisce e traspare nella natura ispirando l'artista, così come espone in linguaggio teologico Solove'v nel paragrafo *La bellezza nella natura.* Anche i due successivi sottocapitoli *Significato universale dell'arte* e *Trasformazione attraverso l'arte* sono sia temi dell'arte come della teologia. Soprattutto il musicista porta in sé una sensibilità per la *presenza dell'Invisibile* come la sente **Evdokimov**. Egli sente la passione per raggiungere ed esprimere l'impossibile, che caratterizza la quotidiana fatica di ogni musicista. Per il vero artista, come per Evdokimov, bello non è solo festa per gli orecchi ma nutrimento allo spirito. Ogni artista ha molto sviluppata la sensibilità per l'invisibile mistero, che si può *intravvedere* in alcuni particolari momenti musicali. L'arte è per il vero artista il mezzo per passare dal visibile all' invisibile. Questa potenza dell'arte è presentata nei sottocapitoli *Metafisica della luce* e *L'esperienza estetica e religiosa.* Nell'arte la persona può avere una speranza esplicitamente religiosa. Può sperimentare non solo che Dio è, ma anche che mi vuole bene ed è vicino a me. Così l'arte può cambiare la vita delle persone che ne scoprono il valore.

Cosa spero di dimostrare con gli argomenti della mia tesi?

Un poeta slovacco dice: *povero l'uomo che nella pietra vede solo pietra.* Vuol dire che l'uomo deve vedere di più, oltre la materia e le cose che piacciono all'occhio. Deve vedere e leggere i segni e i simboli. Proprio questo è lo scopo che volevo raggiungere con la mia tesi: sentire e capire più che il solo suono che piace all'orecchio, percepire le ricchezze nascoste ed esserne da loro affascinato. Il teologo ha la "vocazione" di vedere teologicamente e ascoltare teologicamente. Quando scopre queste ricchezze, aiuta anche gli altri a scoprirle e a vederle. Il nostro mondo è pieno di valori che possono aiutare ad avvicinarsi a Dio, ma spesso noi non siamo in grado di percepirli. Ogni piccolo suono, ogni breve melodia, ogni motivo melodico - ritmico porta con sé qualche cosa dell'uomo che l'ha scritto o che lo ha prodotto. Ma porta con sé anche qualche cosa di divino, perché proprio la religiosità è una profonda caratteristica dell'essere uomo. Magari oggi è più nascosta che in altre epoche, ma sotto l'indifferenza e l'apparente ateismo contemporaneo c'è spesso una insospettata profondità religiosa. Così ogni opera musicale può diventare la testimonianza della divina presenza. Il suono è capace di portare il messaggio completo di tutta la persona. Con le parole si può mentire, ma con il suono no. L'orecchio sensibile scopre tutto: intelligenza, sensibilità, bontà, ma anche la religiosità della persona. L'incontro con la grande arte musicale è un incontro con lo spirito di un personaggio che sente e che pensa; personaggio che ha esperienza del Divino e con Questi comunica. La storia della musica (o generalmente dall'arte) presenta un vastissimo campo pieno di tesori che sono dono di Dio e dell'uomo insieme. È compito anche dei teologi scoprirli e lasciarsi ispirare da loro. Penso che i cinque teologi presentati possano aiutare a trovare la strada per lasciarsi ispirare dall'arte musicale, possono aiutare a percepire l'arte musicale teologicamente.

Quindi percepire ritmo, armonia ma soprattutto melodia come componenti della musica penetrati dal messaggio teologico, presenta un processo dinamico verso una meta finale, e presenta il vero sviluppo dell'idea musicale come la vede Balthasar. Cercare di essere presi, toccati dal mistero, che è la realtà divina nascosta sotto i toni, è come la vede Sequeri. Capire che il bello musicale è solo pura forma, un mezzo per arrivare alla realtà divina è come lo interpreta Bruno Forte. Vedere l'arte musicale come bellezza che unisce, è come la vede Solov'ev. Sperimentare tramite l'arte un ostinato desiderio dell'Assoluto che accompagna la nostra vita, è come la intuiva Evdokimov.

Penso che questi siano sommi valori che possiamo trovare nella musica e che possono migliorare anche la nostra vita religiosa. Ecco perché ho intitolato la mia ricerca *Percezione teologica dell'arte musicale.*

BIBLIOGRAFIA

BALTHASAR, H.U. von, *Lo sviluppo dell'idea musicale,* Milano 1995.

________________, *Testimonianza per Mozart,* Milano 1995.

________________, *Teodramatica*, I., Milano 1980.

BERGER, R., *Hudba a pravda,* Bratislava 1995.

CAILLOIS, R., *Zobecnená estetica,* Praha 1968.

CANTUCCI, P., *Consonanze e dissonanze,* Bologna 1993.

ČERNUŠÁK, G., *DEJINY EURÓPSKEJ HUDBY*, PRAHA 1972.

Dizionario di Teologia Fondamentale, diretto da R. Latourelle e R. Fisichella, Assisi 1990.

DORFLES, G., *Il divenire delle arti*, Torino 1967

ELIADE, M., *Posvátné a profánní*, Praha 1994.

EVDOKIMOV, P.N., *Sacramento dell'amore*, Vicenza 1966.

______________, *Le età della vita spirituale,* Bologna 1968.

______________, *La conoscenza di Dio secondo la tradizione orientale*, Roma 1969.

______________, *La preghiera della chiesa orientale*, Brescia 1970.

______________, *Cristo nel pensiero russo*, Roma 1972.

______________, *Teologia della bellezza. L'arte dell'icona*, Torino 1990.

FORTE, B., *Confessio theologi. Ai filosofi,* Napoli 1995.

________, *Dove va il Cristianesimo?* Brescia 2000.

________, *La porta della Bellezza. Per un'estetica teologica*, Brescia 1999.

________, *Sui sentieri dell'Uno,* Milano 1992.

________, *Teologia in dialogo,* Milano 1999.

GASSET, J.O., *Eseje o umení,* Bratislava 1994.

HANUS, L., *Rozprava o kultúrnosti*, Ružomberok 1943.

HAUSER, A., *Filosofie dejin umeni*, Praha 1975.

KOFROŇ, J., *Učebnica harmónie*, Praha 1984.

KRBATA, P., *Psychológia hudby*, Prešov 1994.

Lexikon fur teologie und kirche, Vol. 6 , Freiburg 2. Aufl. 1961.

MARINČÁK, Š., *Kapitoly z dejín byzanskej hudby*, Bratislava 1998.

MASTNAK, W., *Zmysly - Umenie - Život*, Prešov 1994.

MONTALE, E., *Tutte le poesie,* Milano 1984.

RATZINGER, J., *Raporto sulla fede*, Roma 1985.

READ, H., *Výchova umením*, Praha 1967.

ROCCI L., *Vocabolario Greco – Italiano*, Roma 1941.

SÉNART, J.F., *Le geste musicien,* Lyon 1995.
SEQUERI, P., *Estetica e Teologia*, Milano 1993.
________, *L'estro di Dio*, Milano 2000.
________, *Antiprometeo. Il musicale nell'estetica teologica di H.U. von Balthasar*, Milano 1995.
SOLOV'EV, V., *Krasota v prirode*, Bruxelles 1966.
________, *Pervyj šag k položiteľnoj estetike*, Bruxelles 1966.
________, *Obščij Smysl iskusstva*, Bruxelles 1966.
________, *Sulla divinoumanità,* Milano 1971.
________, *I tre dialoghi. Il racconto dell'anticristo,* Torino 1975.
________, *Il significato dell'amore e altri scritti,* Milano 1983.
________, *Tri reči v pamjať Dostoevskago,* Munchen 1985.
________, *La crisi della filosofia occidentale,* Milano 1986.
________, *Duchovné základy života*, Trnava 1993.
________, *Rusko a univerzálna cirkev*, Bratislava 2000.
ŠPIRKO, J., *Cirkevné dejiny*, Bratislava 1977.
SZELEPCSÉNY, J., *Za znovuzrodenie kresťanstva v Európe*, Košice 1999.
TENACE, M., *La bellezza, unità spirituale*, Roma 1994.
ZAVARSKÝ, E., *J. S. Bach,* Praha 1979.

Printed by Books on Demand GmbH, Norderstedt / Germany